U0125377

投资　先知未来

大咖智慧
THE GREAT WISDOM IN TRADING

成长陪跑
THE PERMANENT SUPPORTS FROM US

复合增长
COMPOUND GROWTH IN WEALTH

一站式视频学习训练平台

股票大作手操盘术

HOW TO TRADE IN STOCKS

齐克用 译著

全译注解版

山西出版传媒集团　山西人民出版社

图书在版编目（CIP）数据

股票大作手操盘术：全译注解版 / 齐克用译著. —

太原：山西人民出版社，2024.5

ISBN 978-7-203-13285-1

Ⅰ.①股… Ⅱ.①齐… Ⅲ.①股票交易—基本知识

Ⅳ.① F830.91

中国国家版本馆 CIP 数据核字（2024）第 061956 号

股票大作手操盘术：全译注解版

译　　著：齐克用
责任编辑：薛正存
复　　审：李　鑫
终　　审：贺　权
装帧设计：卜翠红

出 版 者：山西出版传媒集团·山西人民出版社
地　　址：太原市建设南路 21 号
邮　　编：030012
发行营销：0351-4922220　4955996　4956039　4922127（传真）
天猫官网：https://sxrmcbs.tmall.com　电话：0351-4922159
E-mail：sxskcb@163.com　发行部
　　　　　sxskcb@126.com　总编室
网　　址：www.sxskcb.com

经 销 者：山西出版传媒集团·山西人民出版社
承 印 厂：廊坊市祥丰印刷有限公司

开　　本：710mm×1000mm　1/16
印　　张：16
字　　数：280 千字
版　　次：2024 年 5 月　第 1 版
印　　次：2024 年 5 月　第 1 次印刷
书　　号：ISBN 978-7-203-13285-1
定　　价：68.00 元

出版者序

杰西·利弗莫尔说："如果有人使用我的方法，赚到超过我的财富，我一点都不惊讶。其他人在我的基础之上发展新思路，从而让我的思想更具价值。"

齐克用先生正是杰西·利弗莫尔投资思想和操盘策略的集大成者，投资教育的先锋。舵手作为专注证券图书的出版品牌，30年来，我们一直在寻找一位能够系统地讲透利弗莫尔操盘方法的人。

翻译注解《股票大作手回忆录》《股票大作手操盘术》并不容易，既要精通英文，能够查阅史料，理解利弗莫尔投资的精义，同时还需要丰富的实战操盘经验，这样才能够把利弗莫尔的操盘思想与技术讲得既原汁原味又清晰易懂。幸好，我们找到了齐克用先生。

齐克用先生是美国休斯敦大学物理学硕士，他创作出版的利弗莫尔研究专著已有8册之多，被誉为"利弗莫尔的代言人"。他拥有完整的股票、债券、期货、期权、衍生金融品投资资历与30年以上的实战经验。除了在金融市场实盘操作，齐克用先生更致力于投资教育训练和操盘手训练，具有授课万场以上的宝贵经验。很多交易员和基金经理反复研习齐克用先生研究的利弗莫尔投资经验，认为找到了稳健投资的"定海神针"。

齐克用先生坚信，从利弗莫尔的经验和教训中，我们能获得宝贵的投资经验，学习到具体的操盘技术，进而建立起自己完整的交易系统，并可应用于股票、期货、外汇等不同的市场。将大作手利弗莫尔的操盘技术与现代金融工具结合使用，更能发挥奇效，提升盈利概率，大幅降低交易风险。

如今，齐克用先生的作品经由舵手证券图书出版，我们引以为荣，这与我们的投资者教育、实战训练初心完全契合，期待发挥齐克用先生高水平研究与多年实战投资经验，为中国培养出一大批熟练运用利弗莫尔交易智慧的投资能手。

舵手图书专注于精品、原创投资类图书出版，在此基础之上，不断创新内容生产、优化平台建设，现已形成图书、音视频课程、投资交流社群、配套应用软件为一体的综合投资学习平台，针对股票、期货、外汇、期权、基金等各类交易品种推出了有针对性、系统化、实用性强的课程，广大投资者可在舵手平台上与投资大师、交易专家面对面交流，帮助大家提升自我，找到稳定盈利之道。

中国资本市场不断地起落、成长，我们和广大投资者一样历经风雨，彼此不再年轻。国际国内的名家新人、经典新作，我们会陆续介绍给每一位股市参与者，每次出版后，都会收到不少读者的反馈。我们一直期待与投资者同行，给每位投资者出版最有价值的图书，给大家创造一个深化学习和交流探索的新平台。我们希望把国内外每位股市名家和高手的探索心得更加细致和深度地发掘，从基础知识到专业投资理论和技术，如江恩、利弗莫尔、威克夫、道氏、波浪、量化等理论……更加全面地用现代和便捷的方式呈现给每位参与者。

在本书出版的同时，齐克用先生将以视频讲解、直播交流、线下研讨等方式，在舵手投资学习平台带领读者领略利弗莫尔的神奇的交易经历，帮助大家学习到更有价值的交易技术。请扫描封底二维码，您将有意想不到的收获。

序　言

利弗莫尔的名言都在《股票大作手操盘术》这本书里面，而不是在回忆录里面。为什么？因为这本书已把回忆录里面的案例，全部用通则的方式处理过了。因为这本书是在讲通则，故增加了"为何散户都做不到这些通则"的讲解，以及"到底是哪些错误逻辑去阻碍他们走到对的通则"。

利弗莫尔操盘术是实用且易懂的，只要您掌握其中的要领，并勤加练习，一定能在操作上获得良好绩效。这本书与其他操盘书籍不同的地方是：

（1）先告知正确的交易通则，进而到实战端的交易计划、进场出场过程，以及过程中操盘人的情绪，描述得淋漓尽致。

（2）指导大家如何在复杂的市场波动中，能有主观判断，并做出好的决策。

（3）说明克服操盘过程中的人性问题，并不是靠口号就能完成，而是自己要去找出交易通则与信念，才有办法克服。

（4）交易过程中，每日都有不同的利好利空影响盘势变化，身为操盘人必须每日为这些大小事件做过滤、取舍、决定，如果您的抉择是错误的，再怎么努力都是徒劳无功的，交易通则再怎么灵验，也无法展现出它的效用。不在关键点启动时，就先贸然进场，最后陷入进退两难，就是最好的例子。

（5）偏见是干扰操盘结果的关键。

（6）做交易记录可以帮助自己看清市场轮廓，避免犯同样的失误，借由记录观察决策前后自己对信息是否有解读偏见，检查过去那些深信不疑的信念是否适用于实战。

看起来像是小说一般精彩万分，但很多读者或交易员却无法体会利弗莫尔讲的操作上的细节，以至于看完书中道理，还是很难运用于实战，因为无法掌握当中的窍门。动态操盘术能解决实操上的困难。

为何要学利弗莫尔的操盘术？要让读者变成是"活着的利弗莫尔"。为什么要来写利弗莫尔操盘术？笔者要让读者变成"活着的利弗莫尔"，笔者便是"利弗莫尔的最佳代言人"。

笔者至今有近 40 年的实操经验，有近 20 年的教学经验，不仅在亲身实战中运用利弗莫尔操盘术，也收集了读者在应用利弗莫尔操盘术会遇到的问题。这些经验和问题，都会在本书的配套讲解视频上倾囊相授。

笔者长年任教于金融研训院与证券基金会，并专职于利弗莫尔书籍著作与课程讲授。笔者于此特别感谢舵手证券图书郑总的邀请出版本书，让我有更多的机会与大陆的书友有更深入的交流。

利弗莫尔操盘术专家：齐克用

2024.4.15

目　录

　　　　股市里的买卖行为，看起来似乎很容易让您快速致富。事
　　　　实上，股市游戏的结果是：愚蠢、懒得动脑、情绪管理不佳、
　　　　妄想一夜致富的人，将死无葬身之地。

　　　　正确预测趋势，掌握买卖时机，顺势操作，截断亏损，才
　　　　能在操盘上赚到大钱。

　　　　集中注意力研究当日走势中最强势的那些股票。如果您不
　　　　能从表现领先的强势股身上赚到钱，就无法在整个股票市
　　　　场里赚到钱。

　　　　建立正确的操盘逻辑是管好钱财的基本功。想要将财富永
　　　　远落袋为安，必须要有风险管理的方法。

导　读

　　1922 年，埃德温·李费佛在《星期六晚邮报》发表以小说体裁刊载杰西·利弗莫尔的故事——《股票大作手回忆录》。1939 年底，利弗莫尔的儿子建议父亲写一本关于股市交易的书，于是有了 1940 年 3 月出版的利弗莫尔亲笔所写的《股票大作手操盘术》。在过去的 100 年里，这两本书被全球交易者奉为必读经典。然而，很多读者都有这样的一个困惑：为何学了利弗莫尔操盘术那么久，却无法持续地稳定赚钱？或是说为何无法赚到大钱？很多读者买了十种以上的版本，甚至于读了十遍以上，却是仍然无法达到自己设定的目标，主要原因在于对确定性与不确定性的认知不到位。

　　舵手图书邀请笔者对《股票大作手回忆录》与《股票大作手操盘术》这两本书做注解。本书将以利弗莫尔的静态操盘术与动态操盘术带读者来看，学会赚钱的主要功夫在哪里。

　　索罗斯说："如果把金融市场的一举一动当作某个数学公式中的一部分来把握，是不会奏效的。数学不能控制金融市场，而心理因素才是控制市场的关键。"

一、《股票大作手回忆录》与《股票大作手操盘术》这两本书的差异

　　（1）两本书都真实描述了利弗莫尔操盘术及他的人生。

　　（2）《股票大作手回忆录》是财经记者对利弗莫尔进行专访后，记述的利

弗莫尔的人生经历及操盘术。因为是经历过的往事，故操盘案例上有固定的股票名称与价格。当笔者为《股票大作手回忆录》做注解时，需要还原当时的时空背景。

（3）《股票大作手操盘术》则是利弗莫尔自己亲笔记录的操盘技巧，是以通则的方式表达操盘技巧，故案例中并没有股票名称，非特定的个股案例。故笔者在注解上采用不同的方式处理。

《股票大作手回忆录》中，会有些让人看不懂的地方，那是因为原稿刊载在报纸，是记者在采访利弗莫尔的基础上整理出来的，有些细节并不是那么完整。其中，有关操纵的最后六章，只有少数在记者问答之中，大部分是后来加入的。

《股票大作手操盘术》中，第五章至第十章讲的都是关键点技巧。而《股票大作手回忆录》中只有整数关口操盘，并没有关键点操盘术。主流股与关键点技巧，是在 1922 年到 1940 年，在《股票大作手回忆录》出版之后的 18 年里，在利弗莫尔交易生涯的后期产生的成熟技巧。利弗莫尔的名言都在《股票大作手操盘术》这本书里面，而不是在《股票大作手回忆录》里面。因为《股票大作手操盘术》把《股票大作手回忆录》里面的案例，全部用通则的方式处理过了。《股票大作手回忆录》讲案例、讲通则。

二、《股票大作手回忆录》与《股票大作手操盘术》这两本书的注解

《股票大作手回忆录讲解（全译注释版）》中的注解说明：

（1）坊间对《股票大作手回忆录》原著的翻译有诸多不妥的地方，难以读懂，笔者在该书中对这些问题加以修订调整，让读者易读易懂。

（2）把原著讲得不够清晰的地方讲清楚。原著以故事叙述方式表达，说明投资赚钱的过程，回忆录原著中没细述投机技巧与赚钱要诀。笔者在《股票大作手回忆录讲解（全译注释版）》中以导读与注解的方式，把故事背后的操盘精髓详加说明。

（3）对于利弗莫尔说过的重要精句，笔者在《股票大作手回忆录讲解

（全译注释版）》中将其摘要引述，加强读者的记忆。

（4）笔者在《股票大作手回忆录讲解（全译注释版）》中还原了利弗莫尔所在的那个时代的市场背景与状态，让读者比较容易看得懂；对案例与图例做了加强说明；在导读与注解的部分，适时加入图表说明案例，以增加解读能力；将过去发生的事件，以现代的方式来解读。

《股票大作手操盘术（全译注解版）》中有关注解的说明：

《股票大作手操盘术》原著的实际字数，比《股票大作手回忆录》原著少了很多，笔者在每一章都增加了重磅议题，来做深入说明。

（1）运用导读做整体性的说明。

（2）增加图例来说明案例。

（3）原著讲的一些内容，其实并不是表面看上去那样的意思，而是有更深入一层的意义，笔者在这本书为大家做了深度的挖掘。

（4）有些看不懂，或是不太容易看懂的地方，笔者在本书中加入了注解，让读者看懂这些内容。

（5）用利弗莫尔的另外一种方式，去把一些地方的深层的意思讲出来。

三、本书架构与阅读技巧

为何要先读导读？导读的作用是什么？希望读者在阅读本文之前，借由阅读导读，了解如何正确阅读本书，进而能先看清楚这本书的结构，及作者意图表达的思维逻辑，以期达到易学易懂的目的。

为何每章都有导读？这里的导读是谈整本书的架构，每章的导读是针对该章做导读说明。每章导读中都会有一个配套视频说明整章的结构与重点。

本书每章开始处会有导读。在每章的导读，都会把这一章的核心架构与议题说清楚。导读是采取格式化的架构，固定七段式，分成七个主题说明：

1. 本章主题：这一章谈了哪些主题？例如：个股的股性、交易时机。

2. 操盘心法：讲述操盘时心理或思考层面的道理。

3. 操盘案例：这本书有 30 个非常精彩经典案例，说明要表达的主题议题。

4. 操盘图例：本书有约 110 张图例。

5. 操盘逻辑：重要的操盘技巧与思维逻辑，都会在这里详加说明。

6. 重点摘要：这一章的精句及重点话语，都会以摘要的方式放在这里。

7. 重磅议题：这一章重要的议题都会在这里探讨，例如：重磅议题 2-2 当股票进入一个明确的趋势。加入重磅议题是为了将每个重磅议题与操盘挂钩。这本书是在谈操盘术，若是没有与操盘挂钩，就又回到回忆录，只是讲道理了。

总结本书架构。开始时是序言、导读，导读中有七个主题。导读之后接着是利弗莫尔亲笔所写的主文，主文之中再加上笔者所作的注解。整本书中穿插着图表做解说，特别提醒读者，书中涉及操盘案例时，要对照走势图来解读，才能感受到利弗莫尔的操盘精髓。

四、本书的重点与特色

（1）坊间对原著翻译有些不妥的地方，造成读者看不懂的地方，本书加以修订调整，以期达到易读易懂。

（2）原著以通则叙述方式表达，说明投资赚钱的过程，书中没细述投机技巧与赚钱要诀。本书以导读与注解的方式，把故事背后的操盘精髓详加说明。

（3）对于利弗莫尔说过的重要精句，本书将其摘要引述，加强读者的记忆。

（4）案例与图例的加强说明。在导读与注解的部分，适时加入图表说明案例，以增加解读能力。将过去发生的事件，以现代的方式来解读。

（5）通过配套的重磅议题与每章讲解视频，对操盘技巧做动态说明。

五、延伸学习——操盘系列课程

您需要学习更多的投资技巧吗，您有学习投资的困扰吗，不知从哪里下手吗？笔者与舵手图书一起，针对投资人的成长规划，设计了完整的操盘训练体系，包括视频讲解，以及顶级版的线下面对面交流，帮助读者来系统掌握投资获利的技巧。笔者长期在我国台湾省及东南亚等国家专门针对法人机构做操盘训练，很多业界基金经理人都是笔者的学生，笔者也针对一般投资人做了很多系统化的系列训练。

六、确定性与不确定性

静态操盘是属于确定性的，动态操盘是属于不确定性的。在这本书里面，有很多地方，其实说的是很多的不确定性，也就有很大的弹性度存在，但很多专家都把它讲成是确定性的，这就是为什么国内的法规限制得非常严格，主要的原因就是这些投资顾问、资产管理顾问，在解说过程中把很多不确定性的东西，讲成具有确定性，尤其是一些培训讲师。他们经常说，学会我这一套就让你赚钱，他们信誓旦旦地把它讲成是确定性的，因为参加他们课程的学生，希望找到一种确定性的方式，在市场里面赚钱，所以当讲师以一种肯定的甚至绝对化的方式去传授的时候，学生认为自己的老师都讲的那么肯定，跟着老师去买卖，最后肯定会赚到钱，但最后的结局总是失望落空，还是赔钱！

有很多投资人原本寻求正式的渠道，想学习赚钱的技巧。但就像癌症患者一样，确诊后就全部照着正规医院的医生讲的话去做了，但他的病还是没办法被正规医院的医生治好，这时就会冒出很多江湖郎中，用旁门左道的方法来骗这个癌症病患的钱。这种现象在投资市场也非常普遍，也有很多旁门左道跟投资人说，你学会我这一招就能赚到钱。

这就是为什么跟着很多培训讲师学，跟着利弗莫尔说的方法来操作，还是会亏钱的主因。这其中根本的原因就是没真正看懂利弗莫尔讲的不确定性。读者把很多的不确定性的技巧，看成确定性的。或者是有些培训讲师出来解说利弗莫尔操盘术时，把它讲成是确定性，造成了这些学生或跟着培训讲师操盘的人赔钱。在这本书里面，笔者希望能够把利弗莫尔没讲清楚的不确定性，讲得更清楚一点。当然这里所谓的更清楚，不是只讲不确定性。有一些是具有确定性的，还有一些是不确定性的。哪一些是确定性的，哪一些是不确定性的，有哪些可能性，这一切就要借由动态操盘术来跟大家解说，才能真正学会利弗莫尔的操盘技巧。

学生是因为信任老师，才来跟着老师学，结果老师却把不确定性的通通讲成确定性，这就使得学生以为，用这种固定的方式就能在市场里面赚到钱。笔者希望通过本书及配套的讲解视频，把利弗莫尔如何进行动态操盘讲清楚，让大家明确里面到底有哪些是属于不确定性的。你想跟着利弗莫尔大师学习操盘术，但是你如果把它看成静态的、固定的，你就始终学不会，会赔钱。其实，利弗莫尔在书里已经告诉你，有许多的不确定性。笔者希望借由学习原著加例题注解，如笔者把静态转成动态，让各位看清楚更多的不确定性，如何面对这些不确定性来操盘，才能够让投资人在投资过程中，能够面面俱到地考虑所有的可能性，这样才有办法长期地在投资中赚到钱。当行情来到关键点位置的时候，不确定性非常多，所以才会造成操作困难，这就是要借由动态操盘术，来解决这些问题。

七、静态操盘与动态操盘

本书重点强调的是操盘术，当然是能够用的技巧，书里都是在用文字描述，用静态的文字描述动态的操盘术，当然加上图和表的方式来表达会更好。有关于案例的剖析，运用视频来做解说，运用在线课程来做辅助说明。为什么需要用在线课程的视频来补强的主要原因，一个是有关于人性在操盘过程中的变化，另一个是将不适合用静态的方式表达的地方，用动态操盘术来表达。书本是属于静态的方式表达，视频是属于动态的方式表达，要讲动态操盘术最好把静态的转成动态，也就是从书本转到视频。虽然可以用文字去描述一个动态操盘方式，但比较不容易，所以用视频的方式来描述就会比较清楚。动态操盘术中有一些是人性的问题，在书中实际的案例中，并没有讲清楚，那么就用视频的方式来解释。

投资是三度空间，价格、时间、成交量，在人性干扰下，进行动态操盘。你若看懂这句话，就懂了为什么那么多人看了那么多遍还是赔钱的原因了。

建构利弗莫尔操盘系统：全方位操盘术，由上而下的操盘术。很多人误认为利弗莫尔操盘术主要是在用技术分析操作，其实不只是这样。他是从技术面开始，随后谈宏观经济与筹码、筹码面、消息面，接着是主力与公司派。最后谈操纵的艺术。关键点技巧与交易时机只是其中的一小部分。笔者在手稿解密会讲到，只操作长多长空仓位，故那不是只有技术分析。

八、如何将操盘术的道理转化到实盘操盘

我们以第三章讲的利弗莫尔主流股操盘术为例。

不要想一网打尽，不要在同一时间内介入太多股票。几档股票比一大堆股票容易照顾。

1. 先谈正确照顾股票的步骤

通常在前一天晚上，就要把大部分有关操盘的工作，都先做完。隔天开盘前，观察其他市场状况，是否符合自己的预期，需不需要做心理上的调整？开盘时，就知道自己手中持股的变化，以及自己想采用的应对方式。另外，有关自己留意的股票，也会清楚在哪个价位是自己想进场或退场的地方。这些工作，在事前做得越周全，就越能避开情绪影响，顺利应付未来盘势。

2. 如何监控自己的持股与计划买进的股票

利用软件或手机设定警示提醒。

3. 运用目前的科技帮助操盘

利弗莫尔的时代，靠人工监控成交量，没有计算机，价格走势图只能用方格子画图，甚至连要关注两档有关联的股票，也要人工来记载。我们现在这个年代，运用科技，可以让我们增加操作的个股档数或市场。

4. 到底多少档股票，您能得心应手？

从正确管理股票的步骤，到运用设备来监控个股与市场，只要您觉得可以运作得顺利，那就是适合您的数量。

5. 实际执行起来，困难在哪里？

专业操盘人，建构操盘系统，每日精准地执行所有的步骤，创造超级绩效。

散户在操盘上，对于所有的步骤不严谨，经常是卖掉会涨的股票，留下赔钱的股票。最后的结果是，手中的持股，全部都是套牢的股票。这些套牢的股票，并不是这里所讲的同一时间内不要介入太多股票。

6. 如何应用大师的心得？

我们有没有办法在同一时间内，有的股票做短线，有的股票做长线？

我们有没有办法在同一时间内，有的股票做多，有的股票做空？

我们的思绪里面，能否清楚地定义做短、做长、做多、做空？

想要成为一个成功的股票交易者，你必须发展出一种契合自己心理状况且运作顺利的交易风格，并时时学习改进自己的弱点。大师的交易心得，能给我们的是"启发"，而不是"直接套用"。能帮助你成就卓越绩效的，是你耐心地做好交易者该做的事。

九、大钱要怎么赚，过程为何？交易规则为何？我们有没有办法达成？

光是阅读财经报纸或投资理财的理论，不可能学会怎么操作，您得进场下单并练习交易。光是阅读总体经济数据，您也不能买在恰巧要上涨或下跌的位置，您不可能靠看报纸、阅读总体经济数据、知道投资理论就成为操盘高手、成为好的交易者。本书的实战案例，带给您前所未有的实战练习题与实战端所面临的人性、情绪管理问题，这是本书经典所在。而本书所谈的案例是赚大钱的过程与思维以及专注力。看完本书，您能体会利弗莫尔所谈的投机视为事业、管好自己的钱的所有精华。

第七章所举的案例是巨额利润，无论面对什么样的决定，建立一套决策程序是刻不容缓的，不仅能改善决策质量，同时帮您整理您的决策。巨额的利润就是靠整理每次的交易思绪，思考如何改善，累积而来的结果。过程中，利弗莫尔不忘提到先考虑自己能承担多少风险、挑选最有机会让您的获利重大突破的相关商品交易以及对市况未来发展的准确度。当然在本次交易过程，运气也是重要的，但您会发现运气是得靠您具有相关的知识，才能被您发现与掌握。

利弗莫尔的经典案例为何值得您学习？

案例中讲到的研判方法是有效且好用的，并且可以重复使用。您如果能遵循他讲的通则，用同样的方式使用同样的技巧，能期待得到相同的结果。

技巧只要正确使用，是可以通过传授达到一样的效果。

本书所谈的通则与技巧，经过一百年的流传，已有多人在市场上检查，目前也都成为操盘大师了。

在利弗莫尔的书中，持续看到从错误中学习的效果，我们有办法这样吗？

某些人从自己的赔钱经验学习，但却发现，愈学、愈整理思绪，愈急着改善，结果是越偏离正确方向。总结还得出了自己实在不适合做交易的糟糕心得。这是什么原因？为何我们不能像利弗莫尔一样，从错误中学习，到最后走到成功操盘的位阶呢？

因为我们无法判断决策是好是坏，没有坚强的信念，简单讲，如果没有稳固的架构来检查过去的决策，将会影响到您从经验中学习到的教训。

十、大作手操盘术，永久流传，值得你一看再看，变成经典

《股票大作手操盘术》是一本什么样的书，为何它可以永久流传，为何它值得你一看再看，为何它可以变成经典，它至今培育出多少操盘高手呢？判断各种情况发生的概率，然后，在股市里你该做什么，不该做什么。想要达到超级绩效，你应该要懂的股市内幕与动手建构自己的那一套方法。至今你在市场看到的所有操盘高手，几乎都是靠本书所指导的内容，激发出来的超能力。想

要与市场先生完美共舞，这本书可以帮助你。下面我们分七个面进行说明：

1. 就股价变化而言，利弗莫尔以他的规则找出每个数字的概率

（1）针对某些数字，要特别注意。研发出关键点的研判技巧。

（2）根据数字的排列，研判趋势是否还在延续。

（3）根据数字间的变化，导出点、线、面概率变化。研发最小阻力线操盘。观看股价变化应看见形态变化而不是单一价格的变动。

（4）针对趋势之间的互换，要给出弹性空间，而这个空间你必须自己去测试。

（5）从价格变化与股价运行的时间，导出股市波动。

（6）记录股价是对数字保持敏感度的基本功夫。

（7）从股价的过去、现在，推估未来的发展方向。

（8）不要预测高点与低点。不要用多头与空头角度来看市场。观察市场要从方向着手，故用市场现在是向上或向下来解读概率问题。

（9）股价何时开始对你说话，那是你必须有（1）至（8）的观念才有可能。

2. 就各种事件而言，利弗莫尔从基本面、人性研判市场参与者会做哪些事的概率

（1）在信息不完备之下，你仍可像福尔摩斯一样，据理推测。但你的知识与观点决定研判的准确概率。

（2）不要对股价发生变动的背后原因，太过好奇。你应该在股价发生变动之前就已推估股价发生变动的方向与其概率问题。

（3）看见别人犯错，你就可以从中获利。市场参与者所犯的错误越大，你的获利空间就越大。

（4）运用关键点找出自己的下单时机，并记录其事件的观点，有利日后的检讨。

（5）事件本身，会随时间的进行，往好或往坏的方向发展。因此，操作，并非只是一买一卖两个动作。它是一个过程，过程中有各式各样的变化，要你做研判与抉择。

3. 就风险而言，利弗莫尔从管理好手中的钱，理出不如预期的概率应搭配退场机制

（1）风险就是你面对不利于你的趋势时，做不出正确的反应。

（2）市场风险永远存在，你对风险永远要有所准备。

（3）市场尔虞我诈永远存在，你必须学会辨识能力，运用测试去除干扰。

（4）在资金有限的前提下，你必须学会考虑机会成本下哪些是正确做法。

（5）学会控制最坏结果的发生。运用下单技巧、止损机制、不补缴保证金来达阵。

（6）进场之后，价格不动，你没有赔钱，不代表你就没有风险，你还是要处理不如预期的状况。

（7）股市里，有共犯结构，证券商营业员报明牌行为经常是你频繁交易的源头。

4. 就策略正确而言，利弗莫尔谈扩大获利的方法

（1）正确，不是一开始就知道，必须通过时间与价格来验证。故最初的下单，不可押满仓。

（2）你不是完全没有机会赚到钱，而是你不懂赚钱时哪些是应该做的事。

（3）当推估正确、操作正确时，你应该更聚焦在那些事情上面，并运用加码法则扩大操作正确的效果。

（4）加码扩大获利的位置，应该搭配关键点技巧。

（5）当你赚钱时，你因为害怕赚到的财富突然被市场搜括走，而执行落袋为安，斩断获利源头。这是你无法赚到大钱的原因。

5. 就股市信息而言，利弗莫尔谈要独立思考研判其发生的概率

（1）知识与推理能力会派上用场。所有的推理结果要再回到股价反应信息的结果来求证。

（2）愚蠢、懒得动脑、情绪管理不佳、妄想一夜致富的人是属于注定赔钱的。

（3）根据别人的评论得出多空操作方向，这不是独立思考。

（4）各个事件的发展并不相同，但人性相同。所以属于主观判断的部分，无法用标准作业来归纳，那是要用知识、经验、推演能力来解决。

6. 就犯错而言，利弗莫尔谈从实战中的学习是最快速的，赔钱让你更快学习什么事不该做

（1）赔钱，是不可避免的事。要学习处理赔钱所可能发生的风险。

（2）赚钱时，不见得过程完全正确；赔钱时，也不见得过程全部都错。

（3）避开赔钱时的情绪纠结。负面思考对操盘手本身是无形的伤害。

（4）抓住机会，尽快调整到对的位置，做出最小损失的决定。做错时，要避开有严重亏损的情况。

（5）赔钱做检讨，就是事后的检讨错误。做交易记录，可以精准找到错误。

7. 就人性而言，利弗莫尔谈要找出标准流程，避开人性干扰

（1）人性弱点是族繁不及备载。

（2）避开所有的干扰。就股价而言，避开细微波；就信息而言，避开听信小道消息；就人性而言，避开情绪不佳；就独立思考而言，避开偏见。

（3）发现错误到改善错误，需要很长的时间。

（4）阻挠你做出正确决策的，往往是自己。

在错误未改善之前、在盲点未被发现之前，你将不断地被市场修理，以至于经常赔光。

第一章　我要怎么做才能赚到钱

导　读

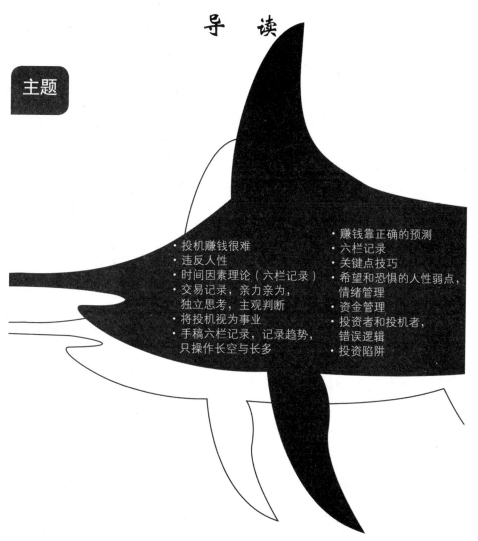

主题

- 投机赚钱很难
- 违反人性
- 时间因素理论（六栏记录）
- 交易记录，亲力亲为，独立思考，主观判断
- 将投机视为事业
- 手稿六栏记录，记录趋势，只操作长空与长多

- 赚钱靠正确的预测
- 六栏记录
- 关键点技巧
- 希望和恐惧的人性弱点，情绪管理
- 资金管理
- 投资者和投机者，错误逻辑
- 投资陷阱

微信扫码观看第一章解说视频

操盘心法

一般正常人都认为，只要一买一卖，钱就赚进来了。股市里的买卖行为，看起来似乎很容易让您快速致富。事实上，股市游戏的结果是：愚蠢、懒得动脑、情绪管理不佳、妄想一夜致富的人，将死无葬身之地。

操盘案例

本章有5个案例。

案例1-1 操盘过程中，新闻对价格的影响与买卖时机

案例1-2 判断正确，操盘进场时机错误，动态操盘调整的技巧

案例1-3 股票区间整理，耐心观察股票表现，等创新高时再进场

案例1-4 担心与害怕的情绪在操盘中经常导致错误的买卖时机

案例1-5 新行情严重损害价值型股票获利能力造成投资陷阱

案例1-1至1-3，说明股票表现与市场行为是操盘的重点。因为股票表现与市场行为才能验证预测正确。利多或利空消息不是重点，股票表现才是重点。

操盘图例

本章有 7 个图例。

图 1-1 利弗莫尔手稿中的六栏记录

图 1-2 出手稍微慢一点，是为自己的对错事先买了保险

图 1-3 正确地预测新闻公布后的走势技巧

图 1 4 将个人意见调整到市场方向的程序

图 1-5 利多利空对市场起不了作用，等行情启动后再进场

图 1-6 耐心观察，缩手不动，伺机而动的关键点技巧

图 1-7 人性中的希望和恐惧在实盘操作过程中的影响

图 1-8 价值型股票的投资陷阱

操盘逻辑

本章以不适合投机的人开始，最后以投机不适合做的事来结束。投机要成功，不是以怎么做才会成功为开始，而是以避开哪些陷阱与错误的失败点来开始。一般人都是以怎么做才会成功为开始，这样的逻辑是无法在市场投资成功的。

从想法到印证，印证后再确实执行。若印证后没有得出结果，就要反推回到想法是否一文不值。除非市场按照您的想法运行，否则个人意见一文不值。股市里有很多人是蒙着眼在操作，不管市场如何变化，就只是按着自己的想法执行，即便是市场已印证了您的想法是错误的，是带有偏见的，还是继续执行，加码在已知错误的赔钱仓位上。换言之，针对一文不值的看法，您是拼命地砸钱，想要让市场实现自己的看法。正确的做法，应该是您跟着市场走，而不是要市场跟着您走。这就是顺势操作的基本原则。

合理的逻辑应该是，不同的想法下，在未来可能产生不同的发展与结果。但是在股市里，不管您有多少想法，最后市场只会反映它想要反映的结果。即便是优秀的操盘手也无法完全掌握市场运行的所有细微波，但是他可以预测市场会有哪几种发展，并先想好策略，以易于未来的应对。善于检查市场

的走势是否符合自己的预期，并做出适当的处理，这就是操盘手应该学会的基本功。经验越丰富，就能越快速地删除发生概率最小的市场可能走势，将自己的想法快速调整到正确的位置。

重点摘要

1. 亲力亲为
★成功的果实，将与您亲自做记录、独立思考与得出结论的努力程度成正比。

2. 财富来自努力耕耘
★任何有心从事投机的人，都应该将投机视为事业，而不是像许多人一样把它当成纯赌博。

3. 一定会有赔钱的时候
★您可以赌赢一场赛马，但您不可能每一场都赢。
★绝对不要摊平损失！
★投机者必须勇于承担第一笔小小的损失，以避免亏损扩大。
★如果您的第一笔交易已处于亏损状态，再做第二笔交易只不过是有勇无谋。

4. 一切都是市场说了算
★除非市场本身的走势验证了您的想法，否则千万不要一意孤行。
★市场永远不会错，个人的意见则经常都是错的。
★买卖股票或商品，要能真正赚到钱，必须从一开始进场就获利才行。

5. 绝对要顺势操作
★绝不要因为某只股票从前一个高点大幅滑落而买进它。
★绝不在股票回调时买进股票，也绝不在股价反弹时放空。

6.场外缩手不动

★千万不要过度期待或采取行动，"出手稍微慢一点"无疑是为自己的对错事先买了保险。

重磅议题

重磅议题1-1 四种人不能玩投机游戏
内容：

本书以人性问题是投机失败的罪魁祸首开始。四种人注定投机失败：（1）愚蠢的人；（2）懒得动脑的人；（3）情绪管理不佳的人；（4）妄想一夜致富的人。操盘赚钱最困难的地方在于无法克服个人的人性问题。

在回忆录的书中，自始至终看似描述的故事，都是在讲两件事情：（1）因为各式各样不同的人性问题导致赔钱收场；（2）人性导致了操盘失败，人性是操盘赔钱的主因。在人性问题上导致操盘失败，又分成两种人性问题：（1）自己掉入自己的人性问题；（2）别人陷害或利用自己产生的人性问题。

这本书的第一段说的四种操盘失败的人，其实是谈人性问题导致操盘失败。如果您原本就属于这四种人，解决之道在于借由利弗莫尔相关系列书籍与课程学习投资逻辑，进场出场关键点技巧，搭配良好的资金管理、情绪管理、人性管理与投资策略，最后必然能让操盘中每一笔交易都正确，那么在股市里获得合理报酬的情形，就会不断地发生了。

问题：

为什么这四种人，不能玩？

投资市场是违反人性的市场，一般正常人的逻辑与人性问题将带来毁灭性的财务灾难。这四种人就是一般正常的人。

主力大咖运用大众媒体或公开的平台演出一出戏，形成市场的一些涨跌现象，顺利完成进货与出货，进而达到暴利落袋等目的。投资市场是他们的表演平台，股票走势是他们进出货的轨迹。

他们虽然演得跟真的一样，但总是有破绽。这也许可以从筹码面发现，也许用简单的逻辑推敲就能看穿，但也可能因为主力大咖的资金实力强大，运用媒体制造利多利空，撼动市场，搞得您头昏眼花，看不清市场的方向，以至于做多做空都失败。

结论：

为何利弗莫尔说，懒得动脑的人不能玩？想想看，对于您想投资的股票，有没有可能到信息充足的时刻？倘若信息真的能在您下单时就已充足，您所下的结论，市场就一定会出现应有的表现吗？股价跳个不停的背后原因，永远是要靠自己的主观判断及观盘能力，一点一滴的印证与调整。显而易见的信息，无法让您在股市中赚到钱。直接运用媒体的消息进场操作，只会让您在投资市场一再赔钱。当投资人问"我该怎么做，才能在股市里赚到钱"时，利弗莫尔却说："投资赚钱是困难的，您要是那四种人之一，就注定会赔钱的。"

要脱离这四种人，就是要把投资赚钱想成比律师医生赚钱更困难。当您愿意勤劳地吸收各种财经信息，愿意动脑想想公开市场演的是哪一个套路，并看清市场背后主力大咖的动机时，市场的波动再也不能左右您的情绪。投资市场是千变万化的，想要在投资市场致富，绝对不是靠战胜一次来达标，而是靠长期能做对所有的操盘程序。当您了解到应该观察市场在不同周期之下的轨迹时，您眼中的市场波动将从静态变动态，从平面变成立体空间，这时市场才会开始对您说真话。通过书籍与课程的特别训练，您能脱胎换骨，避开这四种不能玩投机游戏之人的人性问题。

重磅议题 1-2 我该怎么做才能在股市里赚到钱

内容：

有人认为，自己之所以没能在股市里赚到钱，是因为无法获得有意义能赚钱的信息。而"明牌、重要的经济数据、公司的财报、报纸的头条新闻、公司内部人的内线消息、一定赚的操盘系统、准确的关键点"，这些都是获得投资大众认同的赚钱信息。投资人认为只要能取得这些信息，就是取得获利的保证。

问题：

事实真是如此吗？投资赚钱，从来就不是一件简单的事情，并不是借由低买高卖，一买一卖就能轻松赚到钱。您必须认真看待，它是一个复杂的操盘过程。您必须面对过程中的种种状况，做出完善的判读与应对，才能带着财富走到正确的出口。取得有意义的信息，只是操盘过程中的前置作业，更多时候，您要关注的是，主观意识的形成，以及究竟要走哪些的程序，梳理好情绪，准备多少资金备战，才能顺利地执行决策。

结论：

过去上课时，经常有读者问："老师，我是来学赚钱技巧的，为何您一直告诉我如果怎么做，就会赔钱。"这不是我要的答案。为何不直接地讲赚钱技巧就好了？要怎么做才能赚到钱，需要很多的要件才能达成，而这些要件是没有办法用很简单的一些内容来说明清楚，因为必须通过复杂的程序。这就像是问："股票的合理价格在哪里？"笔者的回答："影响股价的因素非常多，多到您没有办法精准地分析目前股价是受哪个因子的影响。"这就是说，您永远不知道股票的合理价格在哪里。提问的人，听到答案一定不满意，他会认为您根本没有回答他的问题。因为他会这么问，就一定是认为股价一定有一个合理的价格，所以他才提问的。而笔者的回答是，没有合理的价格。所以笔者的答案就不符合他的逻辑，但事实上，投资市场里，真的是没有所谓的合理价格。

那到底该怎么做才能在股市里赚到钱。必须花大量的时间与精力。利弗莫尔给了简单的答案，您必须把投资当成事业来经营。未来笔者会通过出书与课程，不断地提供操盘技巧来帮助想要赚钱的投资大众。

重磅议题 1-3 时间因素理论
内容：

什么是交易过程中的时间因素理论（theory of time elements in trading）？这里指的是利弗莫尔手稿中的六栏记录。本书最后面谈六栏记录时，还会深入再谈时间因素理论。操盘过程中，伴随着价格波动，时间这个要件，扮演着重要的角色。从这里发掘出许多跟时间相关的理论。例如，手稿记录中的六栏数字记录了波段趋势的种类，而大小波段趋势跟经历的时间长短有关。

利弗莫尔操盘生涯中数度谈到时间因素，在空桶店时讲纸带机上数字，随着时间地进行，传来的速度越来越快。空桶店时谈到，价格从交易所到空桶店的时间延迟。到了合法券商谈到，从券商下单到交易所回来的报告，时间因素的影响。手稿中的六栏记录显现时间因素对趋势的影响。笔者未来会针对利弗莫尔手稿中的六栏记录做深入的探讨与说明，包括出版书籍与课程。

问题：

为什么时间因素理论是利弗莫尔认为投机成功最重要的因素？

利弗莫尔在 1891 年 14 岁时开始操盘，在 1940 年 63 岁时去世。在 1932 年 55 岁时，领悟到时间因素，不做短线，用附录手稿做不同栏位记录。从 14 岁到 55 岁历经了 41 年才走到领悟时间因素，而在去世 8 年前，才运用长期趋势来投资。利弗莫尔在 1897 年 20 岁时，前往纽约到合法券商交易之后，才发现要在股市长期稳定赚到大钱，就必须将短线操盘技巧转换到长线操盘。从 20 岁之后开始发觉到长期趋势操盘的重要，到 55 岁历经 35 年才发掘出时间因素理论，并建构出自己的长期趋势操盘系统，也就是手稿中的六栏记录。

利弗莫尔说，从发现并找到自己的错误，需要一段时间。从发现错误到弄清楚自己的错误到底怎么错的，也需要花一段时间。从知道自己到底错在哪里，到要怎么样做才会正确，又要花一段时间。从知道怎么做才是正确的，到建构一套完整的系统，来把操盘做对，也要花一段时间。最后，建构正确的系统之后，还需要再花一段时间，才能正确地执行。这些都要耗费很长的时间，这就是为什么他历经了 35 年才建构出时间因素理论，发展出长期趋势操盘系统。

结论：

利弗莫尔领悟到时间因素是赚大钱的重要因子，但散户想要靠时间因素理论赚钱，却是困难重重，这是什么道理？财富虽然得靠时间因素来完成，但时间因素也给了利多利空消息空间产生的震荡。散户就在这短期的利多利空震荡下被击败。不考虑时间因素，纯粹的研判走势图上的支撑与压力，运用着看似正确的止损技巧，却经常被"股价从来不走直线"的真理打败。这一切看似正确的操盘逻辑，换来的不是利弗莫尔所说的赚大钱结果，而是反映出散户在操盘过程中失控的情绪管理与资金管理问题。

建构完整长期趋势顺势操盘系统并正确执行，才是真正走到能长期稳定赚到大钱的时候，难怪利弗莫尔说：自己在交易实践中所采用的时间因素理论，是投机成功最重要的因素。后世的追随者，大师都看懂了这句话，才缩短学习时间，很快地走到长期稳定赚钱。笔者期盼带领有意愿学习的操盘手，快速达到目标。

利弗莫尔的书中数度出现"时间因素"这四个字，这在利弗莫尔操盘术中扮演着重要的角色。因为走势图中纵坐标是价格，横坐标是时间，大部分的人认为价格轴比较重要，因为掌管赚赔。但是内行的操盘人都懂，时间轴的判定，远比价格轴来得困难，同时对赚赔的影响，时间轴也比价格轴来得大。"时间因素"其实就是动态操盘术的根基，因为随着时间的进行来做动态调整的操盘术，就是动态操盘术。未来会借由书籍与课程，特别针对"时间因素"来做深入说明，也会在操盘运用上做进一步的演练。

重磅议题 1-4 市场总是对的，而个人经常错

内容：

投资人因个人想法与判断后下单到市场。经常地，市场的走势与仓位的方向颠倒。多数人碰到这种状况时都是认为，市场只是暂时走颠倒方向，再等一下就会赚钱了。这种想法与做法经常最后造成严重亏损。利弗莫尔说："市场永远不会错，但个人意见则常常是错的。"

问题：

为什么投资人的意见与市场方向不一致时，必须调整至跟市场方向一致？因为买的股票是依据市场的价格来计算的。当买的股票跟市场股价不同向时，就是赔钱的时候。投资人经常认为自己的意见是正确的，但事实上重点不在自己的意见，而是在市场的方向。要看懂这一点是很难的，执行起来是更难。

结论：

您必须完全摒弃个人意见，将注意力全部投注在市场本身的表现。对投资者或投机者来说，除非市场按照您的想法运行，否则个人意见一文不值。从想法到印证，印证到执行。若印证后没有正确的结果，就要反推回想法是否一文不值。在股市里，很多人是带着偏见在操作，不管市场如何进行，只按自己的想法在执行，即便是市场已证明了您的想法是偏见，却还是继续执行，甚至加码在已知错误的仓位上。换言之，针对一文不值的看法，您是拼命地砸钱，要市场实现您的看法。其实，您应该跟着市场走，而不是要市场

跟着您走。这是顺势操作的基本原则。

不同的想法，在未来可能发展成不同的结果。而在股市里，不管您有多少想法，市场到最后只会走它想要走的路。即便是优秀的操盘手也无法完全掌握市场运行中的所有细微波，但他能预测市场会有哪几种发展，并先想好策略，以便调整。善于检查市场的走势是否符合自己的预期，并做出适当的处理，这是操盘手应该学会的基本功。经验越丰富，就越能快速删除发生概率最小的市场走势，将自己的想法快速调整到对的位置。这种将想法与仓位调整到跟市场同向的技巧，就是动态操盘术，未来规划课程再来帮助想学习的同学。

重磅议题 1-5 价值型股票的投资陷阱
内容：

巴菲特以长期投资价值型股票赚大钱而闻名。所谓价值型股票的意思就是拥有内含价值的公司企业股票，而价值型投资的意思就是当价格低于价值时，以物超所值的价格买入后长期持有投资。笔者长期教授价值型投资，未来有机会再特别帮大家做解说。

投资者与投机者的区别在于，投资者是中长期的操作，而投机者是短中期的操作。价值型股票的投资指的是长期投资者，这种类型的投资是运用基本面在投资，而非技术分析的运用。就价值型投资而言，交易时机中的买进时机与卖出时机，都不是以价格来判断买点与卖点，而是以公司的财报与基本面判定内含价值来决定投资的时点。

问题：

为什么投资价值型股票，最后会变成陷阱？

当散户说："我从不投机。买股票是为了投资，如果它们下跌了，迟早总有一天终将涨回来。"遵照这种形态来投资是很危险的一种操作手法。因为巴菲特说，我找到了一只价值型股票做长期投资时，他是抱得越久赚越多，因为股票进行在多头趋势中。散户跟随机构操盘买进价值型股票，当股票进入空头趋势后，长期投资变成了抱越久赔越多。巴菲特的投资是长期投资，散户的是长期套牢，长期投资跟长期套牢是完全不一样的。

散户跟随机构操盘者买进价值型股票后，该股票为何会进入空头趋势呢？投资者当初买进股票时，认为该股票具有很好的投资价值，但那些股票的基本面后来遭遇了剧烈变化。因此当初所谓的"价值型股票"常常变成纯粹的投机型股票，其中有些股票甚至不存在了。

结论：

为何最后价值型股票会变成投资陷阱？真正的重点在于，买进价值型股票后，随着时间的进行，公司会面临许多想不到的问题与困境。投资人为何会长抱一只下跌的股票，原因就在操作与思考的逻辑一直停留在开始时的状态，也就是笔者讲的静态操盘术。假如您能随着时间进行根据当时的状态持续审视检查，来做操盘的调整，那就是笔者讲的动态操盘术。运用动态操盘术来检查价值型股票投资，就不会掉入陷阱。实战操盘要如何转换至动态操盘进而达到超级绩效。笔者未来会持续跟大家来分享。

下面我们进入《股票大作手操盘术》第一章正文。

"投机"始终是世上最具魅力的游戏。但是，这样的游戏，愚蠢的人不能玩，懒得动脑的人不能玩，情绪管理不佳的人不能玩，妄想一夜致富的人更不能玩，否则他们将穷困潦倒至死为止。

齐克用注解：

参考本章导读——重磅议题1-1四种人不能玩投机游戏。

多年来，每当我出席晚宴时，总会有陌生人过来坐到我身边，稍作寒暄后便开口问我：

"我该怎么做，才能在股市里面赚到钱？"

齐克用注解：

参考本章导读——重磅议题1-2我该怎么做才能在股市里赚到钱。

当我还年轻时，总是不厌其烦地向人解释，想在股市里轻松地赚钱是不切实际的，或者想尽办法找个借口伺机脱身。但后来，我的回答只剩一句话：

"不知道。"

像这样的人我实在难以认同，尤其是他们提的问题，就像是外行人请教律师或外科医生："我要怎样才能靠法律或外科手术赚到钱？"这对于一位将投机视为事业而努力投入研究的人来说，基本上是一种侮辱。不过，我也确信，大多数对股市投资和投机有兴趣的人，如果有一本书能为他们指出正确的方向，他们是会愿意付出汗水和思考来换取合理的报酬。

齐克用注解：

投资人总是问："我没时间自己做研究，可不可以直接告诉我，买什么会赚就好？"多数人想在股票市场里赚钱，但不愿意自己辛苦地去做研究，总是希望不劳而获。下面是有关"我该怎么做，才能在股市里面赚到钱"的错误与正确做法：

一、傻瓜冤大头赔钱的做法

（1）听朋友，靠营业员的建议来买卖。

（2）看报纸、网络、电视上的专家的建议来买卖。

（3）看书研究总结，利用书中的技巧来买卖。

（4）研究分析大师，整理专家看法，用自己的结论来买卖。

二、利弗莫尔建议的做法

（1）从自己的错误中学习，从大师赚钱技巧中学习。

（2）从交易记录起始，从记录中纠正错误。

（3）亲力亲为，独立思考，主观判断，动态调整。

（4）关键点技巧，交易时机。

（5）资金管理，风险管理，情绪管理。

笔者正在整理归纳所有利弗莫尔书中谈到的上面的技巧与做法，包括"心理时机""形态""成交量""明牌""危险信号""指标"等这些经常出现的议题，这些内容将在《利弗莫尔操盘术的12堂课》一书中进行深入说明。

本书的目的是在说明我投机事业中的亲身经历，其中包括成功与失败的经验，以及从中得到的教训。通过这些说明，我总结出自己在交易实践中所采用的时间因素理论，而我认为这是投机成功最重要的因素。

齐克用注解：

　　参考本章导读——重磅议题1-3时间因素理论。

　　俗话说"一分耕耘，一分收获"，您的成功与努力成正比。您的努力包括亲自做记录、自己动脑思考，以及得出自己的结论。试想一下，当您阅读《如何维持健硕身形》时，却将锻炼的事交由他人代劳，这样可能达到目标吗？因此，如果您想实行我在此说明的交易准则，做记录、思考与得出结论一定要亲力亲为，绝不能交给他人代劳。

齐克用注解：

　　这里指的是交易记录，亲力亲为，独立思考，主观判断。

　　所谓的"师父领进门，修行在个人"，我所能做的只是为您指引方向。如果通过我的指引，从而在股市里面赚到钱，我将倍感欣慰。

　　本书的目标读者并不是所有的人，而是具有投机倾向的特定族群，我要向他们分享自己多年来在投资生涯中所累积的一些观点和想法。任何有心想要从事投机的人，都应该将投机视为事业，而不是像许多人一样把它当成纯赌博。如果我这观点是正确的，那么有意从事投机的人就应当下定决心认真学习，尽一己所能地充实自己，使自己达到最高境界。在我致力于投机成功的40年中，我已经发现了一些可以应用于投机事业的法则，而且我还将继续发掘出新的规律法则。

　　我夜晚躺在床上经常辗转反侧，脑子里不断地想着，为什么自己没能预见一段行情的到来。第二天一早醒来，心里有了一个新的想法，等不及天亮，就急着通过历史走势所做的记录来检验这个想法是否有效。在多数情况下，这样的新想法并不是百分之百有效，但这些新想法日积月累都储存在我的潜意识中。随着时间的推移，各式各样的想法越来越清晰、具体，于是我逐渐开发出一套新的方法来追踪行情，并以这种方法来判断市场走向。

齐克用注解：

这里指的是手稿中的六栏记录，参考图1-1。随着时间的进展，趋势发展成短中长期的多头与空头六种趋势。六栏记录是记录这六种趋势，同时记录反转关键点与持续关键点，运用于关键点技巧上。未来笔者会把利弗莫尔的手稿，用一本书——《解开利弗莫尔手稿的奥秘》，来做深入说明。

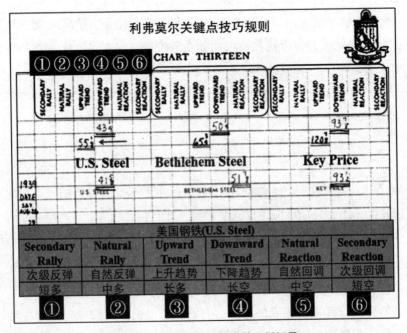

图1-1　利弗莫尔手稿中的六栏记录

我的理论和实践都已经让我满意地证明，在证券或商品投机或投资的行业中，从来没有什么全新的东西。有些时候我们应当投机，但有些时候我们不能投机。有句谚语再正确不过了："您可以赌赢一场赛马，但您不可能每一场都赢。"市场操作也是同样的道理。有些时候，您可以从股票投机中赚到钱，但如果您日复一日、周复一周地在市场里打滚，就不可能从头到尾都赚钱，只有那些有勇无谋的人才会这样认为。记住，永远只盈不亏是不可能的。

想投机成功，我们必须对股票的走势心中有谱。投机无非就是预测即将到来的市场波动。为了正确地预测，我们必须有一个明确的预测基础。举例来说，当一则新闻公布后，您必须站在市场的角度，用自己的头脑独立思考它可能对行情造成的影响，并试着去预测这则消息对投资大众所引发的心理效应，尤其是那些与该消息有直接利害关系的人。如果您认为它可能对市场产生明确的看涨或看跌，此时千万不要草率地相信自己的看法，一定要等到市场本身的走势验证了您的想法，才能确定您的判断，因为市场的反应可能不如您预期那么明显。千万不要过度期待或采取行动，"出手稍微慢一点"无疑是为自己的对错事先买了保险。

齐克用注解：

更多注解请参考本章导读及下列说明。

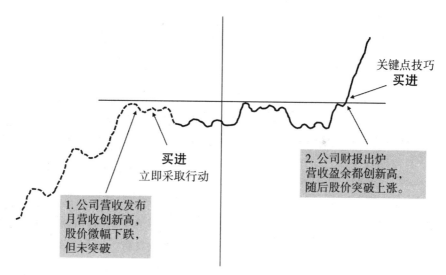

图1-2　出手稍微慢一点，是为自己的对错事先买了保险

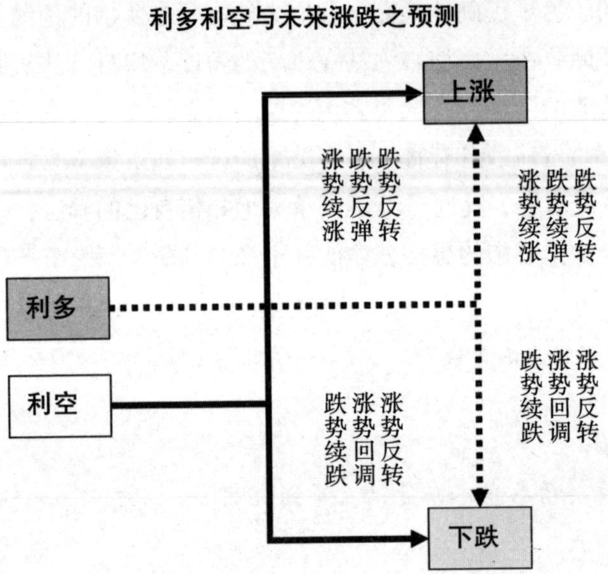

利多利空与未来涨跌之预测

图 1-3　正确地预测新闻公布后的走势技巧

案例 1-1	操盘过程中，新闻对价格的影响与买卖时机
图 1-2	出手稍微慢一点，是为自己的对错事先买了保险
图 1-3	正确地预测新闻公布后的走势技巧

举例来说：市场沿着一个趋势进行并持续了一段时间，此时一则利多或利空消息对市场都产生不了作用。这个时候，市场可能已经处于超买或超卖的状态，在这样的情况下，市场多半会对这则消息视而不见。对投资者或投机者来说，市场在相似条件下的历史演变记录就具有了不可估量的参考价值。此时，您必须完全摒弃个人意见，将注意力全部投注在市场本身的表现。市场永远不会错，但个人意见则常常是错的。对投资者或投机者来说，除非市场按照您的想法运行，否则个人意见一文不值。今日，没有任何人能够号令市场的起落。

齐克用注解：

参考本章导读——重磅议题 1-4 市场总是对的，而个人经常错。

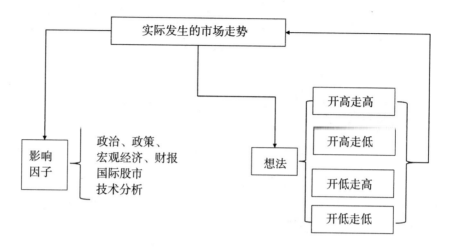

无论是想法或影响因子都必须调整至跟市场同向

图1-4　将个人意见调整到市场方向的程序

您可能对某只股票有自己的看法，认为这只股票将有显著的上涨或下跌走势，而且您的判断也是正确的。尽管如此，您依然有可能赔钱，因为您可能过早地将自己的判断付诸行动。相信自己的想法是正确的，并且立即采取行动的结果，往往落得这样的下场：在您刚进场，市场就往相反的方向走。市场变得越来越沉闷胶着，您也越来越厌烦而出场。或许过了几天，行情走势又符合您的预判，于是您再次投入，但就在您刚进场后，市场再度往相反的方向走。这一次您又开始怀疑自己的看法，并且卖掉持有的股票。终于，行情启动了。但是，由于两次的错误行动，您可能没有再进场的勇气了，也有可能您已经把钱投到别的股票，无法再增加仓位了。总之，市场行情真正启动时，您已经失去了机会。

齐克用注解：

更多注解请参考本章导读及下列说明。

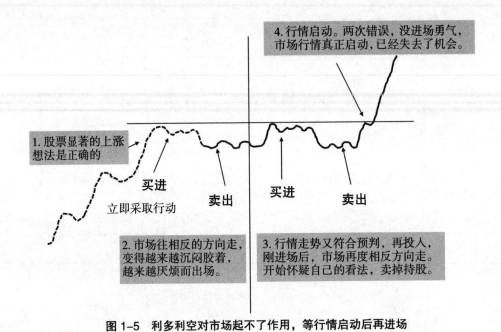

4.行情启动。两次错误，没进场勇气，市场行情真正启动，已经失去了机会。

1.股票显著的上涨想法是正确的

买进
立即采取行动

卖出

买进

卖出

2.市场往相反的方向走，变得越来越沉闷胶着，越来越厌烦而出场。

3.行情走势又符合预判，再投入，刚进场后，市场再度相反方向走，开始怀疑自己的看法，卖掉持股。

图1-5　利多利空对市场起不了作用，等行情启动后再进场

案例1-2	判断正确，操盘进场时机错误，动态操盘调整的技巧
图1-5	利多利空对市场起不了作用，等行情启动后再进场

　　我在这里要强调的是，如果您对某只或某些股票有了明确的看法，千万不要迫不及待地急着进场。耐心观察该股票的市场表现，伺机而动，一定要找到根本的判断依据。例如，某只股票目前的成交价是25美元，它已经在22美元到28美元的区间里徘徊相当时间了，而您认为这只股票终将攀升到50美元。此时，您必须有耐心，一定要等这只股票活跃起来，等它创新高，大约30美元左右。只有到了这个时候，您才能知道您的想法已经被证实了。这只股票一定非常强劲，否则根本不可能达到30美元。只有该股票出现这些变化后，我们才能断定它很可能正处于大幅上涨的过程中，而现在才是您证实自己看法的时候。要是您没有在25美元时买进，绝不要感到懊恼。如果您真的在25美元就买进，那么结局很有可能因为您等得不耐烦，早在行情发动之前就已经抛掉了持股，而由于您是在较低的价格卖出，您也许会悔恨交加，因此等到应该再次进场时，却没有买进。

齐克用注解:

更多注解请参考本章导读及下列说明。

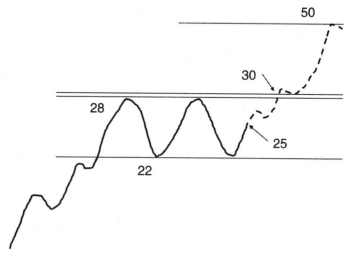

图1-6 耐心观察,缩手不动,伺机而动的关键点技巧

案例1-3	股票区间整理,耐心观察股票表现,等创新高时再进场
图1-6	耐心观察,缩手不动,伺机而动的关键点技巧

我的经验证明:"买卖股票或是商品期货,要能真正赚到钱,必须打从一开始进场就获利才行。"接下来,我将列举一些自己的实际操作案例,从这些案例中您可以看到,我总是选择关键的心理时刻做第一笔交易,也就是说,在走势力量强到能继续往前冲时做第一笔交易。这只股票之所以继续往前冲,不是因为我的操作,而是它背后的那股力量如此强大,它不得不往前冲,而它也的确正在往前冲。曾经有很多次,我也和其他许多投机者一样,没有足够的耐心等待这种时机,因为我也想无时无刻都持有仓位。您也许会问:"您有那么丰富的经验,怎么还会干这种蠢事呢?"答案很简单,我也是人,也有人性弱点。就像所有的投机者一样,我有时候也让急躁情绪冲昏了头,蒙蔽了明智的判断力。投机就像是打牌,就像扑克牌、桥牌或其他类似的游戏。

我们每个人都有一个共同的弱点，就是想要每一局都赢，于是每一局都想插一手，而这种人性的弱点正是投资者和投机者的头号敌人。如果没有加以防范，它终将导致您损失惨重。每个人都有希望和恐惧的人性弱点，要是您将希望和恐惧这两种情绪掺入了投机操作，那么您就危险了，因为您很容易将两者混淆并处于相反的位置，也就是说，该害怕的时候却满怀希望；该希望的时候却恐惧万分。

例如，您在 30 美元的价位买进了一只股票。第二天，它很快地上涨到 32 美元或 32.5 美元。这时您害怕了，如果不立刻获利了结、落袋为安，明天恐怕一切都将化为乌有，于是您卖出股票，带着那小小的一笔利润出场，而此时正是您应当享有人世间所有希望的时刻！为什么您要担心前一天还不存在的两美元利润呢？如果您一天就能赚 2 美元，那么隔一天您可能再赚 2 美元或 3 美元，下一周或许可能再赚 5 美元。只要这只股票表现正确，市场也正确表现，就不要急于实现获利。您知道自己是对的，因为如果错了，您根本不会有利润。让利润自行发展吧，也许它终将成为一笔很可观的利润，只要市场的表现不会引起您担心，那就勇敢地坚持自己的信念，紧紧抱牢股票。另一方面，假设您在 30 美元买进某只股票，第二天它跌到了 28 美元，账面上出现 2 美元的损失。您也许不会担心隔天这只股票可能继续下跌 3 美元或更多。是的，您毫不担心，您会认为这只是一时的反向波动，相信隔天它就会回到原来的价位。然而，这正是您应该担心的时候。在这 2 美元的损失之后，有可能雪上加霜，隔天再下跌 2 美元，在接下来的一周或下半个月可能再下跌 5 或 10 美元。此时正是您应该害怕的时候，因为如果您没有止损出场，稍后您可能会被迫承受更大的损失。此时您应当卖出股票来保护自己，以免亏损越滚越大。

齐克用注解：

更多注解请参考本章导读及下列说明。

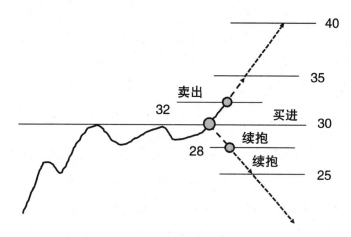

图 1-7　人性中的希望和恐惧在实盘操作过程中的影响

案例 1-4	担心与害怕的情绪在操盘中经常导致错误的买卖时机
图 1-7	人性中的希望和恐惧在实盘操作过程中的影响

　　利润总能自己照顾自己，而亏损则永远不会自动结束。投机者必须勇于承担第一笔小小的损失，以避免亏损扩大。留得青山在，不怕没柴烧。不久的将来，您才有能力再度出手交易扳回失土。投机者必须充当自己的保险经纪人，确保投机事业持续下去的唯一办法，就是守护自己账户里的资本，绝不允许亏损大到足以威胁未来的操作。尽管我相信成功的投资者或投机者一定有充分的理由才进场做多或做空，但我觉得他们必定根据某种形式的准则来决定何时出手做第一笔交易。

齐克用注解：

　　资金管理。借由买进之后的止损，来达到减少亏损。赚钱之后，借由尾随追踪止盈，达到扩大获利。保护本金，维持资金持续成长，是资金管理的基础。尾随追踪止盈的方式非常多，最简单的一种就是借由 SAR 指标来进行。

　　我再重复一遍，肯定有行情会在某个时间点开始发动。我坚信，任何具有投机者本能和耐心的人，一定能设计出一套足以作为准则的特定方法，让自己能够正确地判断何时可以进场交易。成功的投机绝不是单纯的赌博。投机者想要连续地获得成功，必须掌握一定的判断准则。不过，我所采用的某些准则，也许对其他人而言毫无价值。为什么会这样呢？如果这些准则对我具有无可估量的价值，为什么不能同样适合您呢？答案是，没有任何准则百分之百准确。如果我采用的某个准则是我自己最爱的，我当然知道结果应该是如何。如果我买的股票没有如我预期的那样表现，我立即可以断定时机尚未成熟，从而抛售股票。也许几天之后，我的指标指示我应该再度进场，于是我再次买进股票，这次可能是百分之百正确的。我相信，只要愿意投入时间和心血研究价格波动，任何人都能够发展出一套自己的判断准则，而这些准则将在他未来的投机或投资操作中发挥作用。在本书中，我要介绍自己在投机操作中发现的一些有价值的观点。

齐克用注解：

即便是利弗莫尔亲自教导关键点技巧，还是无法一出手就满载而归。原因是关键点并不是一个准确的点位，同时到达关键点时，并不是每一次都是真突破。这里说明"没有适合全部人的准则"的原因。赚钱要靠发展一套自己判断关键点的准则。

很多交易者持有大盘指数的图表或记录，他们翻来覆去地推敲、琢磨这些图表和记录。毫无疑问地，这些图表或指数有时确实能够指出一个明确的趋势。然而，就我个人而言，这些图表对我没有多大的吸引力，我认为它们透露出的信息太含糊了。尽管如此，我也和其他人一样热衷于保存记录。他们也许是对的，我也许是错的。

齐克用注解：

利弗莫尔说，他不使用走势图与技术指标，原因是这些的图表透露出的信息太含糊了。而一般使用时，将这些图表解读成固定态样时，容易误导自己。

我之所以偏好自己做记录，是因为我的记录方法能够让我清楚地了解当前正在发生的事情。但是，当我把时间因素纳入考虑之后，我的记录才对我判断即将到来的重大行情变化真正有帮助。我相信，有了适当的行情记录并考虑时间因素，我们就可以相当准确地预测未来重大的市场波动。然而，这样做需要有足够的耐心。

齐克用注解：

自己做交易记录，亲力亲为。手稿中的六栏记录，记录了时间因素对趋势的判断，用来正确操盘。

首先，您要对个股和板块都十分熟悉。接下来，如果您能正确地结合自己的记录与时间因素，那么迟早您就能够确定股价重大变化到来的时刻。只要您能正确解读行情记录，您就能在任何板块族群中挑出它的领头羊。我再说一遍，您一定要亲自做记录。您必须亲手填写数字，别让他人帮您做记录。在亲力亲为的过程中，您会惊奇地发现，这样做会产生很多新的想法，这是其他人无法给您的，因为它们是您的发现、您的秘密，因此您应当珍惜，而且不能告诉别人。

齐克用注解：

由下而上的投资策略。个股、板块与大盘之间，有密切的相关性。找出领头羊，进行主流股操盘术。

我在本书中为投资者和投机者提供了一些"不要"，其中一条重要原则是，绝对不可以把投机冒险和投资活动混为一谈。投资者之所以蒙受巨大的亏损，正是因为他们当初抱着投机的念头来买股票，因此付出了代价。

齐克用注解：

辨识投机与投资的差别。错误的逻辑及投资陷阱，是投机活动中第一个要学会的。接着以投资价值型股票却掉到陷阱的道理与案例来做说明。

您是否经常听到一些投资者说："我从不担心股票行情波动，也不用担心经纪人催着追加保证金。我从不投机。我买股票是为了投资，如果它们下跌了，迟早总有一天终将涨回来。"

然而，很不幸的是，这些投资者当初买进股票时，认为该股票具有很好的投资价值，但那些股票的基本面后来遭遇了剧烈变化。因此，当初所谓的"价值型股票"常常变成纯粹的投机型股票，其中有些股票甚至不复存在了。当初的投资化为泡影，投资者的资金也随之蒸发。之所以发生这种情况，是因为投资者没有意识到，即便是所谓的"价值型股票"，也会受到未来新行情的考验，而这些新行情可能损害该股票的获利能力。就在投资者弄清楚新情况之前，该股票的投资价值已经大幅缩水了。因此，成功的投机者在其冒险生涯中总是如履薄冰地守护自己的资本，投资者对此也同样大意不得。如果能做到这一点，那么那些喜欢称自己为"投资者"的人，将来就不会万般无奈地被迫成为投机者了，而他们的信托基金账户也就不会如此大幅贬值了。

齐克用注解：

参考本章导读——重磅议题 1-5 价值型股票的投资陷阱。

您一定还记得，不久以前，当时大家都认为把钱投资在纽约纽黑文和哈特福铁路公司比存银行还安全。1902 年 4 月 28 日，纽黑文铁路公司的股价是 225 美元。1906 年 12 月，芝加哥密尔沃基和圣保罗公司的股价是 199.62 美元。当年 1 月，芝加哥西北铁路公司的股价是 240 美元。同年 2 月 9 日，大北方铁路公司的股价是 348 美元。所有这些公司都配发优厚的股利。

现在，我们再来看看当年这些"投资型股票"。1940 年 1 月 2 日，它们的报价分别如下：纽黑文铁路公司每股 0.5 美元；芝加哥西北铁路公司每股 0.3125 美元；大北方铁路公司每股 26.62 美元；芝加哥密尔沃基和圣保罗公司这天没报价，但是 1940 年 1 月 5 日的报价每股 0.25 美元。

齐克用注解：

更多注解请参考本章导读及下列说明。

	纽黑文	西北铁路	大北方铁路	密尔沃基
1902-4-28	225 美元			
1906-1		240 美元		
1906-2-9			348 美元	
1906-12				199.62 美元
1940-1-2	0.5 美元	0.3125 美元	26.62 美元	

1902 年时，所有这些公司都配发优厚的股利。
把钱投资在纽约纽黑文公司股票比存银行还安全。

图 1-8　价值型股票的投资陷阱

案例 1-5	新行情严重损害价值型股票获利能力造成投资陷阱
图 1-8	价值型股票的投资陷阱

我很容易就能列举数百只类似的股票，它们当年曾经风行一时，被视为是稳赚不赔的投资，但今日它们却一文不值。由此，伟大的投资栽了个大跟斗，而当初自称保守型的投资者眼睁睁地看着巨额财富不断消失，最终化为乌有。

股市投机者也会有赔钱的时候。但我相信，与那些放任其投资不管的投资者所亏掉的巨额金钱相比，投机者在投机活动中亏掉的金钱是微不足道的。

在我看来，这些投资者才是大赌徒。他们下赌注，一赌到底，如果赌错了，就输个精光。投机者也可能同时买入，但如果他是一个聪明的投机者，而且又有做行情记录的话，他就会意识到危险的信号正在警告他情况不妙。如果他立即行动，就能把亏损控制在最小限度内，然后等待更有利的机会再进场。

当一只股票的价格开始下跌时，没有人知道它会跌多深。同样的，在主要上涨行情中，也没有人知道它的最终顶部在哪里。下面几项要点您必须牢记在心，其中之一，绝不要因为股价看起来过高而卖出。您也许看着一只股票从 10 美元涨到 50 美元，就认定它的价格已经高得太离谱了。此时，我们应当研究判断，有没有什么因素可能阻止它在公司获力良好、管理完善的情况下，股价从 50 美元继续上涨到 150 美元。很多人看到某只股票已经历了长期的上涨行情，认为它的价格似乎太高了，于是放空这只股票，结果赔光了本金。

反之，绝不要因为某只股票从前一个高点大幅滑落而买进它，因为大幅下跌可能是基于一个很好的理由。尽管该股票当前的价位看起来似乎很低，但以合理的定价来看，该股票很有可能还是处在极高的价位。设法忘却它过去较高的价格区间，结合时机和价格两要素重新检查它。

如果知道我的交易方式，很多人可能会感到惊讶。当我在行情记录上看到某只股票正在展开上升趋势，我会在股价出现正常回调，然后再创新高时立即买进。当我要放空时，也采用同样的方式。为什么呢？因为我顺应当时的趋势，而我的行情记录发出信号，要我采取行动。

我绝不在股票回调时买进股票，也绝不在股价反弹时放空。

此外，还有一个要点是：如果您的第一笔交易已经处于亏损状态，再做第二笔交易只不过是有勇无谋。绝不要摊平损失。一定要把这一点谨记在心。

第二章　价格的预测与买卖时机

导　读

主题

- 个股的股性
- 交易时机
- 上涨趋势进行中的量价关系
- 上涨趋势进行中的价格波动程序
- 时间因素
- 危险信号
- 止盈策略
- 缩手不动
- 危险信号出现时的人性弱点
- 资金管理
- 风险管理
- 价格微幅上下波动

- 错过了大波段行情
- 投资逻辑
- 投资陷阱
- 亲力亲为，独立思考，主观判断

微信扫码观看第二章解说视频

操盘心法

如何才能辨识波性与波幅，进而走到赚到大钱的位阶？本章一开始的第一句话："股票就像人一样有自己的个性。"这里指的是个股的股性。若把这句话结合波浪理论来看，就是谈到波性，并尊重波性。波性的来源起自于市场背后那一群市场参与者的行为与反应。当重要的波动即将启动时，成交量会先露出端倪。向上或向下的波动，如以价格变动的幅度来做切割，可分为大波、中波、小波与细微波。从波动中再区分为"正常波动"与"异常波动"。正常波动，您不要害怕。异常波动，您绝对要保持警觉。能辨识哪些是属于不需要理会的正常波动，才能抱牢股票进而操作大波段。能够迅速发现异常波动的现象，才能在正确时间让大仓位有充分的时间退场。赚大钱，就靠辨识这两种波动。那么，要如何辨识正常波动与异常波动？本书第八至十章的六栏记录做了说明，并且指出关键点的种类，让这个秘诀更具透明度，帮助您在交易上避开正常波动的干扰，进而在场内安心的缩手不动。若遇到异常波动，则可快速研判出是危险信号，二话不说，快速离场并获得超级绩效。

辨识得出长期趋势的人才能富有，无法辨识长期趋势的人就算能赚到钱也赚不多。让您的钱跟着长期趋势富起来。趋势涨跌有固定的量价脉络，时间因素决定了短中长期的趋势，只有顺着长期趋势操作才能赚到大钱。趋势进行中，顺势操作，但是当危险信号出现时，应立即出场。若市况显示趋势持续，则立即再次进场。

走势涨跌波动中透露出的信号应该如何判断？

（1）如果行情真的要上涨了，应该会是什么样的情况？

即便是短时间内产生正常回调后，它很快就会再次恢复上涨，而且价格会再创新高。就像这样的上涨波动，会持续几天。在这样的上涨过程中，每天的当日走势也会有较小规模的细微波回调。当它持续上涨到某一点时，会再形成另一波的正常回调。

判断技巧："当日即便是有利空，但经常最后收盘还是上涨。短期内会经常出现新高价。"

（2）什么是正常回调，怎么判断回调后还会再涨一波？

这一波的回调，应当要和第一次回调时，落在同一条趋势在线。这是股票处于明确趋势时，都会发生的自然行为。

判断技巧："正常回调时，可运用主要支撑来做判断。"

（3）如何发现初期的上涨波段即将展开？

行情上涨初期，高点与高点之间的距离都不是很远，但随着时间的进行，您会发现它将以极快的速度，向上发展。

判断技巧："高点慢慢移动至主要压力时，以突破的方向，突破原来的震荡区间。"

操盘案例

本章有 4 个案例。

案例 2-1 上涨趋势形成之后的涨跌量价关系

案例 2-2 上涨趋势的时间因素影响操盘的卖出时机

案例 2-3 股票市场出现异常情况，发出危险信号

案例 2-4 操盘过程中的时间因素与危险信号

操盘图例

本章有 4 个图例。

图 2-1 量价同步创新高，上涨与回调的常态量价结构

图 2-2 大幅地急涨急跌，是异常的价格波动形态

图 2-3 上涨趋势的危险信号出现时是卖出时机

图 2-4 从友人的加州山区朋友处学习到赚钱的秘密

操盘逻辑

本章中谈到在执行利弗莫尔操盘术时，成功与失败的逻辑与原因如下：

成功的逻辑与原因

（1）靠自己亲力亲为做记录，能形成信心。

（2）标示出关键点，并针对股价来到关键点的表现做研判。

（3）要有勇气执行，不要犹豫，因为关键时刻，已是来到短兵相接的位置了。

失败的逻辑与原因

（1）人性问题：眼睁睁地看着关键点被启动了，但就是无法有所作为。

· 市场朝自己不利的方向发展，却无法止损出场。

· 市场大涨后开始下跌，看着往下跌的关键点被启动了，不出清持股，却期待它反弹。

· 明明知道关键点的信号还没出现，但就想要买的便宜，提早进场，结果耐不住震，又出场了，等行情发动时，已因多次止损出场失去再进场的耐心。

· 明明危险信号的关键点还没被启动，但就怕利润会化为乌有，赶紧先出场。

· 关键点有大波段的关键点与小波段的关键点，但却只抓小波段的关键点操作，就想要每日不停地进出股市。

（2）时间因素问题：没有耐性或无法缩手不动，就总是赚小赔大。

· 让大小波段的波幅借由时间慢慢来累积而成，它需要靠时间来完成。

· 应该要选择操作大波段，舍弃小波段。但一般人忽略时间因素带来的爆发力，只操作眼前看得到的波动，而忽略了隐藏在其后的大波段。

投机赚钱靠的是精准预测与做出正确的买卖动作，正确执行交易时机在操盘上是本章的主轴议题。当您把这些技巧从静态的描述，转化到动态操盘时，就是您持续赚钱的时候了。

正确掌握个股的股性，加上了解在不同环境下对股价的影响，就能正确地预测股价。价格的涨跌有其固定的路线图，量价关系能够帮助判断正常趋势的发展。当趋势发生了异常现象时，就是危险信号出现时。危险信号并不总是正确的，因为市场中没有任何原则百分之百准确。但是，如果始终是这样的态度关注这种危险信号，从长远来看，利润必然十分丰硕。

例如：若是我正沿着铁轨行走，突然看到一列快车以96.56公里的时速向我驶来，我肯定会跳开让火车过去，不会愚蠢到站在那儿不动。等它过去之后，只要我愿意，随时都可以再回到铁轨上。当市场发出危险信号的时候，应该从不与之争辩，坚定离场。过了几天之后，如果看来都没问题，随时都可以再度进场。若长期以来总是这么做，就能为自己减少很多烦恼，也减少很多亏损。

正确预测趋势，掌握买卖时机，顺势操作，长期操作，才能在操盘上赚到大钱。克服操盘中的人性问题，适时运用止盈机制出场，趋势再次启动，立即再次进场。这些是掌握交易时机，正确运用顺势操作的操盘技巧。

重点摘要

1. 正确预测来自看懂个股的股性

股票就像人一样有自己的个性。投机者必须了解各种股票的个性，并给予尊重。在不同的状况下，它们的行为是可以预测的。

2. 我顺势操作了吗

★当股票进入一个明确的趋势时，它会自动地沿着某种路线运行。

★如果您正确地掌握了买卖时机，那么您的第一笔交易应当从一开始就处于获利的状态。

★经过不断的努力，将时间因素和搜集来的所有资料整合并融会贯通，这对预测未来走势有极大的帮助。

3. 忽略短期趋势，因为它不稳定且不易看清楚

★一个人不可能借由每日或每周持续不停地进出交易赚到钱；赚钱的机会每年仅有几次，您应当在场外观望，等待市场酝酿下一个大趋势。

★当您在场外观望时，那些觉得自己必须天天忙于进出的投机者，正在为您的下一次冒险投机奠定基础。您将从他们的错误中获得利益。

★那些试图在当日微幅波动中频繁进出的投机者，永远不能在下一个重大行情发生时掌握住机会。

4. 当危险信号出现时，您该怎么做

★不要死抱着股票直到它变成亏钱，您必须保持耐心，但也不能让耐心变成一种漠视危险信号的心态。

★当股票市场出现异常情况时，就是它在向您发出危险信号，切记不可忽视这样的危险信号。

★当我看到市场向我发出危险信号时，我从不与之争辩。我会坚定离场！

每一位明智的投机者都应该对危险信号时刻保持警觉。

5. 操盘中的人性问题必须铲除

★对于投资者或投机者来说，人性的弱点始终是自己操盘过程中最大的敌人。

★一厢情愿自以为是期望性的思考必须彻底铲除。

重磅议题

重磅议题2-1 股票就像人一样有自己的个性

内容：

每个人都有自己的个性，每个股票也有自己的股性。人有高矮胖瘦，看起来魁梧有力的人，经常动用武力，较不善用机智。反之，看起来矮小无力的人，不善动用武力，较精干且机智。股票有大型股与小型股，股本较大的股票成交量较大，股价较平稳。反之，股本较小的股票成交量较小，股价较易大幅波动。散户较喜欢操作小型股，因为找对了股票就能赚好几倍。

偷工减料，招来的是一些爱捡便宜的客人。从因果关系来看世间的种种变化，一切都是正常的逻辑。同样的道理运用在投资市场，"想吸引什么样的投资者上门，股票的股性就得把自己变成什么样子"。

市场参与者有公司派、机构投资人、专业投资人与散户之分。股票有大型股、小型股之分。有人想赚资本利得，有人想长期持有并赚取固定收益。同样的一种股票类型，就会吸引相同类型的操盘者。从股价的涨跌波动、从公司派、从资本额大小、从法规等不同的角度，您就能看清楚股票的股性，什么样的人玩什么的样股票。简单说，股票背后的灵魂，是一群相同属性的人所构成的。股价的表现，就是这一群人的共识。

这一章谈股票涨跌的脉络，谈到了解各种股票的个性后，股票涨跌的起伏波动就可以预测的到。会影响到个股的股性的主要因素来自股票背后的操纵者，也就是市场参与者。未来笔者会以"各种市场参与者"为题开课帮大家做深入解说。

问题：

为什么了解各种股票的个性后，股票涨跌的起伏波动就可以预测的到？

回忆录中整本书最后的结论是：无论是哪一种投资市场，或多或少都有操纵者在控盘。只要能弄清楚这些控盘者的控盘程序以及模块，就能依股票的个性，在不同的状况下，预测到股价的涨跌。

结论：

在利弗莫尔那个年代谈操纵者是影响个股股性的主因，现在这个年代谈的是市场参与者。科斯托兰尼的一个投机者的告白书中，将所有市场参与者以动物园的比喻方式来做说明。操纵者就是主要影响股价变化的市场参与者。

随着时代的改变，不同的板块有着不同的变化。个股则因股本的大小，以及成交量的大小影响着个股的股性。大型股因为股本较大，且多数时候股价也较高，市场参与者多数都受机构的控盘影响。小型股股本较小，且多数时候股价也较低，市场参与者多数都是散户，但是控盘者则多是主力或公司派。

当您了解各种股票的个性后，再看清市场背后主力大咖企图影响股价的动机时，市场的波动自然就能掌握住。只要您愿意通过书籍与课程接受训练，学习了解股票的个性，同时学会市场大咖操盘的逻辑与程序，自然就能预测股票的行为。

重磅议题 2-2 当股票进入一个明确的趋势
内容：

图形走势中区分成趋势与整理两种形态，而趋势走势又分成上涨趋势与下跌趋势。这里谈到只要能辨识出明确的趋势时，就能靠着这个趋势操盘赚钱。这个描述看起来"顺势操作"很容易判断且赚到钱，但是面对操盘时有其困难之处。

本章所谈的第一个重点是，要如何辨识一个趋势的出现与形成，有哪些技巧可以帮助我们辨识。第二个重点是，当辨识出一个趋势之后，又要用哪些技巧实际运用在实时操盘上。这些重要的技巧都会借由书籍与课程来帮助大家。

问题：

为什么看起来那么容易的顺势操作，却无法运用于实时操盘上赚钱？

主要原因有三个：

（1）辨识趋势的技巧有很多种，这涉及辨识趋势的技巧。例如趋势线技巧，但当趋势线形成的时候，已经上涨了一段时间，是否能再持续，持续多久，都判断困难。

（2）趋势因时间周期长短不同，会形成各式不同的短中长期趋势。分辨短中长期趋势的技巧是困难的。

（3）因为前面两个原因，加上盘势变化是动态的，所以操盘人性的困难跟着来了。持续不停地震荡，加上怀疑、犹豫与害怕，造成了操盘的困难。

结论：

要如何运用"顺势操作"从操盘中赚到钱，就须解决三大困难。利弗莫尔手稿中的六栏记录技巧能解决前两个困难，人性与实际操盘需要靠动态操盘技巧，以及操盘经验的累积来克服。

未来笔者会再以书籍与课程来教导大家学会六栏记录技巧。形态学是辨识趋势技巧最基础且实用的一种方式。波浪理论则是辨识短中长期趋势的最有效方式，但却是较困难的方式。

从技术分析来看，辨识明确趋势，沿着趋势线路线运行，顺势操作并赚到钱，这是利弗莫尔操盘术中交易时机板块的精华。同样的，关键点技巧、六栏记录技巧，都是属于交易时机板块。未来笔者再来帮各位逐一解说。只有从操盘的角度弄清楚问题的真相，才有办法逐一地克服问题，解决操盘的困难。

重磅议题 2-3 危险信号

内容：

本章中持续出现了八次"危险信号"这个语词，强化了危险信号的信息与意义。要如何解读并运用于实际操盘上，是这个重磅议题要谈的重点。

利弗莫尔说：当危险信号出现时，我二话不说，立即做出卖出的动作。显然这个危险信号就等同于卖出信号，这里是讲交易买卖时机，重点是谈：一是在持有仓位的时候；二是在谈操盘的动作，不是在谈理论或道理。

在利弗莫尔的书中多次谈到危险信号，其实这个语词表达的是多种状况下的信号，并非单独只有一种状况下的信号。未来笔者会在各种不同的状况下来解读危险信号，让想要学习的人只要持续跟着笔者学习，就能学会各种危险信号的应对技巧。

问题：

为什么会有那么多种危险信号？当危险信号出现时，是指趋势已经反转了，还是指即将要开始赔钱了？

行情有各种形态的变化，当进场后行情不如预期，是危险信号。当来到关键点，价不动，量却不断放大，是危险信号。在本章中的案例，趋势持续，股价涨涨跌跌地持续向上进行。最后一次突破大涨后，股价表现一日反转，而后跌到主要支撑之上时，是危险信号。这里的危险信号，是在趋势还没反转之前，还不确定是真的要持续下跌了，只是要跌的可能性变大了，这里也还没到赔钱的地方。

我们需要学习如何辨识危险信号，以及操盘过程中的危险信号出现时，要如何因应与动作。

结论：

为何辨识危险信号是困难的？因为危险信号发生的位置，都不是在趋势已经反转，或是已经赔钱的地方。从操盘的角度来看，这个危险信号的位置并不是止损的位置。在动态操盘术上来看，随着时间的进行，不是不如预期，就是走势已经出现异常的变化。因此文中描述的正常量价的趋势变化，以及异常的量价变化，都是我们需要学习的重点。这些技巧都可通过现代技术分析中的形态学、量价关系，以及K线理论达成。未来笔者会有独立的主题书籍与课程，来辅导帮助有志学习的投资人。

针对危险信号的议题，我们必须弄清楚在操盘过程中发生的位置，以及操盘过程中如何因应。案例2-2上涨趋势的时间因素影响操盘的卖出时机，有针对危险信号做仔细做说明。记住，靠时间累积财富的过程中，都会经历无数次的危险信号，您得付出大量的勇气及谨慎应对，但在财富尚未落袋为安时，想要继续拥有它并继续累积，所付出的勇气与谨慎一定比原先的多更多。

下面我们进入《股票大作手操盘术》第二章正文。

股票就像人一样有自己的个性。有些股票十分敏感，活蹦乱跳；有些则直率豪爽，合乎逻辑。投机者必须了解各种股票的个性，并给予尊重。在不同的状况下，它们的行为是可以预测的。

齐克用注解：

参考本章导读——重磅议题2-1股票就像人一样有自己的
个性。

市场不会永远停滞不前。它们有时非常沉闷，但并不是毫不动弹，至少
会稍稍地上下跳动。当股票进入一个明确的趋势时，它会自动地沿着某种路
线运行。

齐克用注解：

参考本章导读——重磅议题2-2当股票进入一个明确的趋势。

当行情开始展开时，随着价格的上涨，您会看到成交量扩大。随后，将
出现我所说的"正常回调"。在向下回调的过程中，成交量远低于前几天上
涨时的量，而这种小规模的回调是完全正常的。绝不要害怕这种正常的波动，
但一定要对异常的波动警觉。

在一两天之内，市场将再次开始上涨，成交量也会随之增加。如果行情
真的已经开始启动，那么在短时间内自然且正常的回调后就会再次恢复上涨，
而且价格将创新高。这样上涨的波动应该会持续几天，这段时间会出现较小
规模的日内回调，而当它持续上涨到达某一点后，又将会形成另一轮的正常
回调。当这次正常回调发生时，它应当和第一次正常回调时落在同一条"趋
势线"上，这种现象是任何股票处于明确趋势时都会发生的自然行为。在行
情上涨的初期，前一个高点到接下来一个高点的差距不是很大，但随着时间
的推移，您会发现它将以极快的速度往上涨。

齐克用注解：

它应当和第一次正常回调时落在同一条"趋势线"上。利弗
莫尔的说明是在同一条趋势线，他在当时使用的是最小阻力线，
以现在的技术分析来说，相当于是趋势线或是均线。

更多注解请参考本章导读及下列说明。

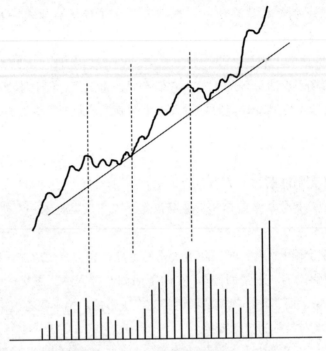

图 2-1　量价同步创新高，上涨与回调的常态量价结构

案例 2-1	上涨趋势形成之后的涨跌量价关系
图 2-1	量价同步创新高，上涨与回调的常态量价结构

　　举例说明：假如某只股票从 50 美元开始，在第一阶段它可能缓步上涨到 54 美元。一至两天的正常回调可能使其回到 52.5 美元左右。三天之后，它再度上涨。它可能在下一次正常回调发生之前，这次直接从 52.5 美元上涨到 59 或 60 美元。然而，在这个价格水平出现正常回调时，通常不会像上次只有 1 或 1.5 个点，而是很容易地下跌 3 个点。过几天它就又开始上涨了，您会发现，此时的成交量已经没有像初期时那么大，而且股票越来越难买了。既然如此，接下来的上涨将比之前快多了。该股票可能很容易地从前一个高点 60 美元上涨到 68 或 70 美元，而且中途不会遇到自然的回调。当这种正常回调确实在此发生时，则回调的幅度会很大。它可能很容易就下跌到 65 美元，即便是如

此，这个回调还是属于正常的下跌。假设回调的幅度在 5 个点左右，那么过不了几天，涨势就会再次恢复，而且该股票也还会再创新高。也就是在这个时间，到了该谨慎面对时间因素的时候了。

齐克用注解：

这里的时间因素，是指操盘过程中的短期或长期趋势，若是这里是短期趋势时，就是指到了要考虑卖出时机的时候。

更多注解请参考本章导读及下列说明。

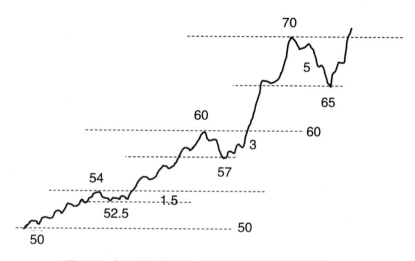

图 2-2 大幅地急涨急跌，是异常的价格波动形态

案例 2-2	上涨趋势的时间因素影响操盘的卖出时机
图 2-2	大幅地急涨急跌，是异常的价格波动形态

不要死抱着股票直到它变成亏钱。在获得可观的账面利润后，您必须保持耐心，但也不能让耐心变成一种漠视危险信号的心态。

齐克用注解：

如何操盘才能让"不要死抱着股票直到它变成亏钱"发生？

止盈机制，将是正确的策略运用。至少有五种以上的方法来设定
止盈，未来会再帮大家做止盈的训练。

该股票再次启动，它在一天内上涨了6到7个点，然后第二天也许达到
8到10个点，交投相当热络。然而，就在当天的最后一小时，突然出现一波
异常的杀盘，下跌幅度达到7或8个点。次日早上，它又再度下跌了1点左右，
然后重新再次开始上涨，而且收盘时走势相当强劲。但是，到了隔天，由于
某种原因，它的走势没能延续前一天的涨势。

齐克用注解：

更多注解请参考本章导读及下列说明。

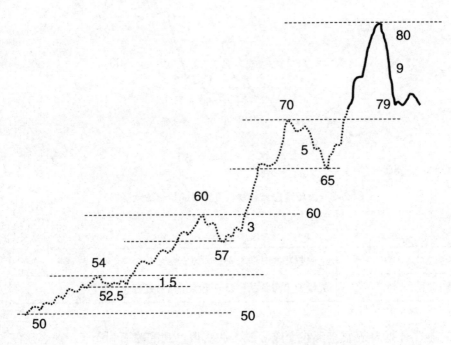

图2-3　上涨趋势的危险信号出现时是卖出时机

案例 2-3	股票市场出现异常情况，发出危险信号
图 2-3	上涨趋势的危险信号出现时是卖出时机

这是一个立即性的危险信号。在整个上涨趋势发展的过程中，仅仅出现过自然且正常的回调，然而在这个时候却突然出现异常的大幅回调。我所说的"异常"，是指一天之内价格自当天所创下的极高价回调6个点或更多的点，这是过去从未出现过的。当股票市场出现异常情况时，就是它在向您发出危险信号，切记不可忽视这样的危险信号。

齐克用注解：

参考本章导读——重磅议题 2-3 危险信号。

在股票自然上涨的过程中，您应该持续保有足够的耐心抱着持股。但现在您必须尊重危险信号，勇敢地果断卖出，离场观望。

我并不是说这样的危险信号总是正确的，正如我之前所说的，没有任何原则百分之百准确。但是，如果您始终是这样的态度关注这种危险信号，从长远来看，利润必然十分丰硕。

一位伟大的投机天才曾经告诉我："当我看到市场向我发出危险信号时，我从不与之争辩。我会坚定离场！几天之后，如果各方面看来都没问题，我随时可以再度进场。长期以来总是这么做，为自己减少了很多烦恼，也减少了很多亏损。我从这里领悟到操盘的智慧，假如我正沿着铁轨行走，突然看到一列快车以 96 千米的时速向我驶来，我肯定会跳开让火车过去，不会愚蠢到站在那儿不动。等它过去之后，只要我愿意，随时都可以再回到铁轨上。"这段生动且智慧的话语，让我始终牢记不忘。

每一位明智的投机者都应该对危险信号时刻保持警觉。奇怪的是，大多数投机者面临的难题往往来自自己的内心，而这种内在的弱点使得他们无法鼓足勇气面对困难，在该出场的时候果断地出清自己的仓位。他们犹豫不决，眼睁睁地看着市场朝着对己不利的方向继续前进。这时他们会说："下次反弹上来时，我一定出场！"然而，当下次涨势又起时，他们忘了原本打算的做法，因为在他们看来，市场又再一次地表现良好。遗憾的是，这次的弹升只不过是暂时性地反弹，接着很快地就又再一次急跌，市场开始进入下跌趋势了。由于他们的犹豫不决，至今仍深陷其中。如果他们依照规则行事，原则就会告诉他们该怎么做，不仅可以为他们挽回大笔的金钱，还能解除他们的焦虑。

我再次重申，对于投资者或投机者来说，人性的弱点始终是自己操盘过程中最大的敌人。一只股票在大幅上涨后开始下跌，为什么它不会反弹呢？当然，它会从某个价位反弹，但您凭什么指望它正好在您希望它反弹的价位或时候反弹呢？想要掌握反弹的机会不会发生。但如果它确实发生反弹时，那些优柔寡断的投机者可能也抓不住这个机会。

对于那些把投机视为自己事业的大众，我想不厌其凡刻意重申的重点是，一厢情愿自以为是期望性的思考必须彻底铲除；一个人不可能借由每日或每周持续不停地进出交易赚到钱；赚钱的机会每年仅有几次，或是四五次，这时才能允许自己进场交易。除此之外，您应当在场外观望，等待市场酝酿下一个大趋势。

如果您正确地掌握了买卖时机，那么您的第一笔交易应当从一开始就处于获利的状态。从那个正确的时间开起，您唯一需要做的就是保持警觉，密切注意危险信号的出现，然后果断出场，将账面利润转化为现金。

记住：当您在场外观望时，那些觉得自己必须天天忙于进出的投机者，正在为您的下一次冒险投机奠定基础。您将从他们的错误中获得利益。

投机实在太令人兴奋了。大多数的投机者终日待在经纪公司里，忙于接听无数的电话，每个交易日结束后，还有许多聚会谈论市场行情。他们的脑子里都是报价机、价格、数字。他们如此地专注于价格的微幅上下波动，以至于错过了大波段行情。当大波段行情开始启动时，几乎无一例外地，绝大多数的投机者总是持有相反方向的仓位。那些试图在当日微幅波动中频繁进出的投机者，永远不能在下一个重大行情发生时掌握住机会。如果通过记录和研究股票价格变动，弄清楚价格变动是如何发生的，并谨慎地综合考虑时间因素，您就可以克服这样的弱点。

齐克用注解：

这里的时间因素是指短中长期趋势，大小波段的位置。很多投资人无法分辨短中长期趋势的原因是，不懂得研判短中长期趋势的技巧。未来我们再来学习这个高阶的技巧。

　　许多年前，我听说一位住在加州山区并非常成功的投机者，他收到的行情报价表是三天之前的报价。他每年会打两三次的电话给旧金山的经纪人，下单买卖股票。我的一位朋友曾经在那家经纪公司待过一段时间，对此人感到十分地好奇，四处打听想要了解他赚钱的秘密。当他得知这位交易者竟然离市场设施这么远，也很少前来经纪公司，然而当在必要时出手之重，不禁令人讶异。终于有人介绍我的朋友结识了这位投机者，在交谈的过程中，我的朋友问他，您身在偏远的山区，远离城市，如何追踪股市？

　　他回答说："我视投机如事业。如果我陷入混乱，让自己被微小的价格变化分心，那我就会一败涂地。我喜欢离人群远一点，让自己能够思考。我将发生过的变动做成记录，它让我对市场正在进行的波动有了相当清晰轮廓。真正的行情不会在一天之内结束，而一波真正的趋势则需要时间来完成。我住在远离闹市的山区，就能给整波趋势留下充分的时间去完成。我会从报纸上找出一些价格数字，并将它们记在我的记录中。一旦我注意到记录中的价格明显与一段时日以来的变动模式不相同时，我会立刻下山进城工作。"

齐克用注解：

　　更多注解请参考本章导读及下列说明。

一位朋友四处打听想要了解他赚钱的秘密
1. 住在加州山区
2. 每年会打两三次电话下单买卖股票
3. 在必要时出手之重，不禁令人讶异

朋友直接询问获得答案
1. 视投机如事业
2. 微小的价格变化分心，陷入混乱
3. 远离人群，让自己能够思考
4. 发生过的变动做成记录
5. 一波真正的趋势需要时间来完成
6. 远离闹市，给整波趋势留下时间去完成
7. 从报纸上找价格数字，记在我的记录中
8. 记录中价格变动模式明显不同时立刻下山进城

图2-4　从友人的加州山区朋友处学习到赚钱的秘密

案例 2-4	操盘过程中的时间因素与危险信号
图 2-4	从友人的加州山区朋友处学习到赚钱的秘密

这是多年前的事了。在很长的一段时间里，这位山里的投机者不断地从股市赚走大笔大笔的金钱。在一定程度上是他激励了我，让我更加努力地工作，试图将时间因素和我搜集来的所有资料加以整合。经过不断的努力，我已经能整合所有的价格资料并融会贯通，这对我预测未来走势有了极大的帮助。

齐克用注解：

　　这里的时间因素是指短中长期趋势。从山中友人操盘赚大钱，悟得忽略短中期趋势，只有靠长期趋势才能赚到大钱。巴菲特操盘术就是掌握长期趋势长期操作赚到大钱的。无论是基本分析操盘还是技术分析操盘，在这一点上都是相同的。

第三章　强势主流股动态操盘术

导　读

主题

- 市场总是存在着诱惑，
  人性与投资心理
- 价格变动背后的原因
- 不要同时介入太多股票
- 板块在头部形态的变化
  与操作
- 主流股操盘术

  - 交易记录
  - 初入股市学习程序
  - 成交量的流动性问题
  - 小盘股或是低成交量
    的股票
  - 研究少数几个板块追逐
    领导股

微信扫码观看第三章解说视频

操盘心法

本章谈到的操盘技巧，涵盖交易原则、市场时机、选股能力等。其中包含六个重点：

（1）长期保持赢家的姿态，要靠交易原则帮忙。

（2）有关价格的描述。价格不是走直线的。价格产生重大变化时，背后一定有不可阻挡的力量。价格产生重大变化时，不要对背后的原因，太过于好奇。

（3）有关追踪股票到进场操作的建议。从观察板块开始，不要同时追踪过多的股票。不要观察这板块，却去操作那板块。不要想一网打尽，一次介入多档股票。耐心等待市场的信号出现再进场操作。追随主流股才能赚到钱。主流股是经常会被替换掉的。

（4）初学者应如何进入学习开始市场。

（5）在正确的时机进场，否则将容易陷入价量相互负面影响的恶性循环。

（6）容易被操纵的市场，不要交易。

操盘案例

本章有 4 个案例：

案例 3-1 对价格太过好奇，或大钱是靠精准预测而来

案例 3-2 牛市末端头部的变化，正确操盘方式

案例 3-3 不要看着这个板块操作那板块，要遵循信号操作

案例 3-4 掌握主流股才能在股市里赚到钱

操盘图例

本章有 5 个图例：

图 3-1 对价格变动背后的原因太过好奇的结果

图 3-2 大盘与板块头部形态的变化与技巧

图 3-3 回忆录与操盘术中描述的三次头部操盘经验

图 3-4 大盘头部形态研判板块变动的技巧

图 3-5 四种主流股的基本形态

操盘逻辑

利弗莫尔是个深藏不露的操盘手，也是个曾经失败过多次的操盘手，有好几次赔光再赚回的记录。他感受到投机者在投资市场历经几次成功之后，很容易因失去戒心，最后又被打回原形。他认为如果您也是一而再地被打回原形，那表示交易方法一定还有漏洞，否则怎会一再上演打回原形的循环周期呢。他在市场上赚到钱，因为都是操作主流股。他经常被打回原形，则是因为人性、耐心不足、市场有着不可测的风险，等等。投资人可以容许少许的亏损，但不能亏掉所有的本金。到底要如何才能在投资市场持续地成功？仔细剖析利弗莫尔获利的细节与其操盘思维，这章中七个重点：

（1）价格背后的灵魂是人性。

（2）价为主，一切以价格说了算。

（3）不要想一网打尽。买很多不同种类，都想赚，是错的方法。

（4）个股走势与整体走势之间有时间差。

（5）避开弱势股，追随主流股。

（6）主流股会物换星移，这是不变的真理。

（7）注意成交量与流动性，否则您会发现它会影响交易价格。

重点摘要

1. 价格背后的灵魂是人性

★价格跳动的原因，不在股价本身，而是背后存在一股不可阻挡的力量。

★价格会上上下下不停跳动，过去如此，未来也必如此。

2. 价为主

★对价格变动背后的所有原因太过于好奇，不是一件好事。

★认清价格变动确实已经发生，然后顺着潮流驾驭您的投机之舟，就能从中受益。

★不要与市场争辩，最重要的是，绝不可与之争斗。

3. 不要想一网打尽

★不要同时介入太多股票。照顾几只股票比同时照顾许多只股票要容易的多。

★一般投机者经常是在第一个和第二个板块的交易是获利的。但在关键时刻到来之前，就已经买进其他板块的股票，因而削减了获利中很大的一部分。

★当您清楚地看到某一板块的行为时，应该就此一板块采取行动。而不是要让自己以同样的方式去操作其他板块的股票，除非您清楚地看到后者也出现同样的信号。

★企图同时追踪很多股票肯定是不安全的，因为您将疲于奔命，也会产生混乱。尽可能只分析相对少数的几个板块。

4. 个股走势与整体走势之间有时间差

★看到某一板块中的某只股票明确地已经掉头转向，与整个市场的趋势反向，不能轻易地判断为整个市场完全走空或完全走多。尽管其他板块中，有某几只股票走势已经到了尽头，但在建立新仓位之前，仍应当耐心等待，时候一到，其他股票也会明确地出现同样的信号，这些才是反转线索。

★在狂野牛市末端，清楚地看到了铜矿板块的涨势已经接近结束。不久之后，汽车板块也达到了顶峰。由于这两个板块的多头已经结束，您以为可以开始放心地放空任何股票，这是错误的判断。

★在铜和汽车的股票交易中累积了巨额账面利润，但在接下来的六个月里，我为了寻找公用事业板块的头部而损失了更多的金钱。

5. 避开弱势股，追随主流股

★集中注意力研究当日走势中最强势的那些股票。如果您不能从表现领先的强势股身上赚到钱，您就无法在整个股票市场里赚到钱。

6. 主流股会物换星移是不变的真理

★正如妇女的服装、帽子和首饰的风格，总是随着时间的推移而变化，股市中的主流股也是此起彼落地变换。

★如果主流股朝着某个方向走，则整个市场也会随着它们而动。随着时间的推移，新的领导股将走到台上，而旧的领导股则将退到幕后。只要股票市场持续存在，这种现象就会一直这样下去。

★今日的领头羊两年之后可能就不是领头羊了。

7. 注意成交量与流动性，否则它会影响价格

★投机者持有某只股票5000或10000股，当他进出市场时，不会明显地影响到该股票的价格，这是具有流动性的股票。

★在过去的时代，投机者建立起始的仓位后，如果该股票表现正确，他就可以放心地一路加码。如果市场证明他的判断是错误的，他可以轻易地卖掉自己的仓位，而且不会造成过大的损失。但今天，如果市场证明他的起始仓位是错误的，卖掉股票时就会蒙受重大亏损，因为市场的宽广度变得相对狭窄了。

重磅议题

重磅议题 3-1 股票市场总是存在着诱惑

内容：

赚大钱之后，容易松懈，上演得而复失的悲剧，这是人的本性。操盘手在操盘过程中，必须保持健全的心智与清晰的思维，因为股票市场总是存在着诱惑。投机者在经历一段时间的成功之后，因为过于野心勃勃，故往往失去戒心。在这种情况下，他需要有健全的心智和清晰的思维才能持盈保泰。能让您长期维持赢家姿态的，绝非靠自我的克制，而是靠坚不可破的交易原则。

问题：

投资人要怎么样地操作，才能确保在操盘过程中，能一直保持着健全的心智与清晰思维呢？

股市总是存在诱惑，在还没走到那个位置之前，您根本不知道自己会怎么想，也不知道自己脑袋会不会突然就不清楚了，或者是人性的弱点突然又跑出来捣乱。利弗莫尔提出的应对方法是：操盘手应该整理出操作时的标准程序。六栏记录，用来掌控下单时机，掌控自己的人性问题。赚钱没有固定的方法，但对于控管风险、控管交易安全，却是有方法可供控管的。

结论：

只要能坚持遵循可靠的交易原则，就能避开市场存在着诱惑的陷阱。在操作过程中，本应遵循的安控程序，哪些是容易被破坏的原因呢？

- 当市况不利于自己时，没有尽快调整到对的位置，而是对价格变动背后的原因太过好奇，一直希望能找到价格变动的源头，这不是一件好事。
- 与市场争辩。
- 买卖的种类、数量，超过了自己能负担的。
- 观察 X 股却操作 Y 股，犯了以偏概全的毛病。尤其是大盘来到头部区时，操盘人经常犯这毛病，产生重大亏损。
- 买进便宜的股票，而不买强势股，认为强势股已经涨太多了。
- 强势股会随着时间持续已经更换，操盘手却仍着抱原本的强势股。

- 流动性不足，影响遵循程序的绩效。
- 成交量问题，注意滑价问题，会影响安全控管。
- 注意自己操作的股票，是否有被操纵的问题，这会无法照正常的规则研判，进而影响到遵循程序的绩效。
- 股市里存在着诱惑，任何一个诱惑总是引诱您短视，要您朝向尽快取得小小战利品。唯有跟随标准程序，才能排除诱惑，去除噪声，跟着主趋势走。
- 主趋势犹如一棵大树的树干，树上的所有分枝、绿叶、果实，就如股市里的小波动，利多利空，多到数不清。唯有避开这些细节，才能看清主趋势。

重磅议题 3-2 价格变动背后的原因

内容：

笔者在无数的演讲或教学中曾被投资人问及，是否能告知或教会如何计算出他投资的那只个股的合理价格。股市也好，股票也好，永远不是超跌，就是超涨，原本就没有一个合理价格。问问题的人把价格看成静态处理，但价格却是呈现动态表现。所以，利弗莫尔说："价格会上上下下不停地跳动。"

股票的价格是如何形成的？巴菲特经常提到："股市就像一台投票机，投资大众下单投票，押注涨跌，价格就是投票的结果。价格形成的背后有各式各样，数不清楚的原因，以至于造成了价格的波动。虽然收盘后，新闻总是会讲是什么原因造成了涨跌，但事实上新闻讲的原因经常是错误的。因为即便是事后，都经常无法确定是哪一条原因造成涨跌的。所以结论是价格变动背后的原因，没有可依循的方法找到固定的标准答案。"

问题：

投资市场中有一句名言：Market is never wrong，这句话的意思是市场总是对的。无论价格如何跳动，价格总是对的。为何这句话会成为名言呢？因为每个人针对每一只股票买进时，总是有所依据，但在买进后股价却持续下跌，于是开始探究，是什么原因造成股价持续下跌。买了本来研判会涨的股票，结果持续下跌，难道不应该研究清楚价格变动背后的原因吗？为什么赔钱的人都会这样做？

结论：

为何赚钱的人不会问清楚上涨的原因？因为赚钱就表示自己的想法做法是对的，当然就不需要找原因了。但是对于买进后赔钱的人，因为跟预期不一样，当然就会试图找出原因。然而事实上是找不出原因的。利弗莫尔说："当买进的股价持续下跌时，您应该做的事情是赶快把它卖掉，而不是持续探究下跌的原因。"从实战操盘的技巧来看，有两个重点：

（1）价格不是走直线的。许多操盘人以静态走势来研究，哪里是支撑，哪里是压力，面对未来，看起来似乎是很容易应对。事实上，操盘人是承受不住市场经常上上下下的波动走势。波动度，将严重考验着每位操盘人的资金承载风险程度。

（2）价格产生重大变化时，操盘人应该关心的不是发生什么事了，而是应该在当下针对仓位做了哪些正确的事。许多操盘人在这个时间点，反应不过来，拼命地去打探发生什么新闻事件。面对不如预期，应该遵循基本交易原则。

重磅议题 3-3 追随主流股

内容：

什么是主流股（Leader）？主流股、领头羊、领导股这些名词都是英文的 Leader。Sector 这个字的意思是：板块、板块或是族群。在一个多头格局上涨趋势进行中时，只要是一个像样的趋势，就会有一个板块，譬如半导体，或者是一个题材主题下的族群，譬如苹果概念股，会领先大盘，或者带领着全部的股票上涨。我们称这个族群的股票为主流股。在主流股的族群中，又会有一或两只格外特别强势的股票，称之为领头羊或是领导股。在选股操盘时，要找领头羊买进。反之，同样运用在空头架构，放空的标的为空头的领导股。追随主流股，就是利弗莫尔的主流股操盘术。

问题：

本章谈的主流股操盘术，是在追踪操作股票时，应注意的事项有两个：（1）追踪太多档股票，易造成混乱，因为个股的走势，不一定处在同一位置上，有可能还在头部震荡阶段，也有可能已走到下跌格局里。（2）追踪主流股或强势股较容易剖析市场概况，也较容易获得超级绩效。

实际操盘时，状况不像讲的那么容易。除了如何辨识是否为主流股之外，还经常出现的问题包括：严重超涨之下，已有持股的人，很难抱得住。空手的人在严重超涨之下，很难下手买进。

结论：

首先来谈如何辨识是否为主流股？所谓的主流股就是强势股。强势股与弱势股，如何分辨呢？

在挑选股票时，就要分清楚哪些是最强势的，哪些是最弱势的。把资金押注在强势的，避开哪些弱势的。弱势股通常有哪些显而易见的态样呢？

（1）以财报来辨识。当市场开始下跌时，那些没有坚实的财务基础的低价股，往往是领先下跌。要避免将有限的资金被这些公司套牢，影响操作绩效。

（2）以股价变化来辨识。当市场处于多头，连那些内部人都不会买的股票，您就不要买了。

（3）以利多不反应来辨识。股票有其季节性，在需求旺盛的季节里，它不涨反跌，这是弱势股态样的危险信号。或者，股票有利多却不涨，这也是弱势股。

以上说明辨识弱势股的方式，反之，就是强势股辨识的方法。强势股的特性就是经常超涨，甚至严重超涨。

严重超涨之下，已有持股的人，很难抱得住的问题要靠两招解决：场内缩手不动以及尾随止盈技巧。

空手的人在严重超涨之下，很难下手买进的问题也靠两招解决：少量进场买进后，随势持续加码，以及买进后设定起始止损，随势再运用尾随止盈技巧。

下面我们进入《股票大作手操盘术》第三章正文。

股票市场总是存在着诱惑。投机者在经历一段时间的成功之后，往往失去戒心，过于野心勃勃。在这种情况下，他需要有健全的心智和清晰的思维才能持盈保泰。如果您能坚持遵循可靠的交易原则，就不会一再上演得而复失的悲剧了。

齐克用注解：

　　参考本章导读——重磅议题3-1股票市场总是存在着诱惑。

　　我们都知道，价格会上上下下不停地跳动，过去如此，未来也必如此。依我之见，价格发生重大变动的背后，必然存在着一股不可阻挡的力量。所有的人都要知道这一点，对价格变动背后的所有原因太过于好奇，不是一件好事。如果您追根究底地想要找出变动的原因，您的思维可能被鸡毛蒜皮过于琐碎的细节所干扰。只要认清价格变动确实已经发生，然后顺着潮流驾驭您的投机之舟，就能够从中受益。不要与市场争辩，最重要的是，绝不可与之争斗。

齐克用注解：

　　参考本章导读——重磅议题3-2价格变动背后的原因，及下列说明。

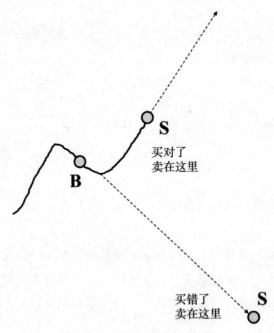

图3-1　对价格变动背后的原因太过好奇的结果

案例 3-1	对价格太过好奇，或大钱是靠精准预测而来
图 3-1	对价格变动背后的原因太过好奇的结果

您还要谨记一点，不要想一网打尽。我的意思是说，不要同时介入太多股票。照顾好几只股票比同时照顾许多只股票要容易得多。几年前我曾犯过这样的错，也付出了惨痛的代价。

齐克用注解：

> 不要同时操作太多档股票。那多少档才合理呢？这会因人而异。最重要的基本原则是，不要超过了自己能承担的种类。买太多档，除了不容易照顾之外，资金太过于分散时，即使做对了，也不容易赚到钱。

我犯的另一个错误是，当我看到某一板块中的某只股票明确地已经掉头转向，与整个市场的趋势反向，我便轻易地相信自己的判断，对整个市场完全看空或完全看多。尽管其他板块中，有某几只股票告诉我，它们的走势已经到了尽头，但在建立新仓位之前，仍应当耐心等待。时候一到，其他股票也会明确地出现同样的信号，这些才是我耐心等待的反转线索。

但是，我并没有这样做，而是迫不及待地想进场大展身手，结果付出了惨痛代价。在这里，我急于行动的浮躁心理，压过了正常的常识和判断力。当然，我在第一个和第二个板块的交易是获利的。但是，我在关键时刻到来之前，就已经买进其他板块的股票，因而削减了获利中很大的一部分。

回想过去，在 20 世纪 20 年代末期的狂野牛市，我清楚地看到了铜矿板块的涨势已经接近结束。不久之后，汽车板块也达到了顶峰。由于这两个板块的多头已经结束，所以我很快地得出了一个错误的结论，以为可以开始放心地放空任何股票。这一错误的判断，造成了巨额损失的金额，让我难以启齿。

虽然我在铜和汽车的股票交易中累积了巨额账面利润，但在接下来的六个月里，我为了寻找公用事业板块的头部而损失了更多的金钱。最后，公用事业板块及其他板块都达到了高峰。而在那个时候，安纳康达公司股票自高点下滑了50点，而汽车板块的跌幅也相去不远。

齐克用注解：

牛市末端头部的操盘技巧包括：

（1）在头部区，多头之牛还没死，会到处乱窜。这时不要轻易地看空，宁可等到多头之牛确实死了，一弹也不弹时，这时放空在起跌点，才是较安全的做法。

（2）在头部区进场斗牛，恐怕是您被牛斗了，斗的遍体鳞伤，真正的空头来了的时候，您已经不玩了。

（3）操作多头走势，好不容易创造了超级绩效，但如果在头部区，轻易的看空而进场做空，反而容易使绩效大幅减损。记住，在头部区最容易犯的毛病是，投机者在经历一段时间的成功之后，往往失去戒心，过于野心勃勃，以为市场如果不是在多头市场，就一定是在空头市场，误认为自己可以赚进市场的所有大小波段。

更多注解请参考本章导读及下列说明。

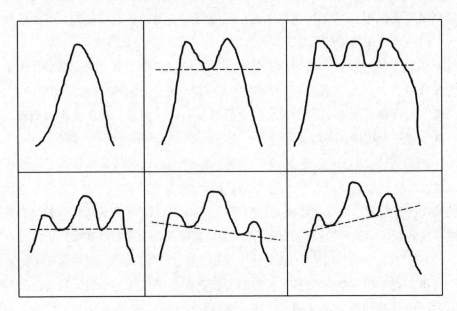

图3-2　大盘与板块头部形态的变化与技巧

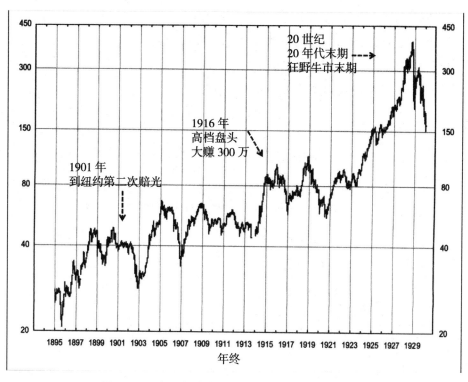

图 3-3　回忆录与操盘术中描述的三次头部操盘经验

案例 3-2	牛市末端头部的变化，正确操盘方式
图 3-2	大盘与板块头部形态的变化与技巧
图 3-3	回忆录与操盘术中描述的三次头部操盘经验

　　我希望这一事实能带给您深刻的印象，当您清楚地看到某一板块的行为时，应该就此一类板块采取行动。而不要让自己以同样的方式去操作其他板块的股票，除非您清楚地看到后者也出现同样的信号。只要耐心等待，迟早您也会在其他板块中得到与第一个板块同样的信号。切记，不要介入太多种类的股票。

齐克用注解：

　　这里谈的情景是在头部或是整理格局时的状态，注意两点：

　　（1）在研判市场行情时，切莫把某板块的行为，当成是全体市场各板块的行为都是往同一个方向走。不要观察这板块，操作那板块，切记，遵循信号，才能克服人性的冲动与误判。

（2）不要在同一时间，交易太多板块的股票。

更多注解请参考本章导读及下列说明。

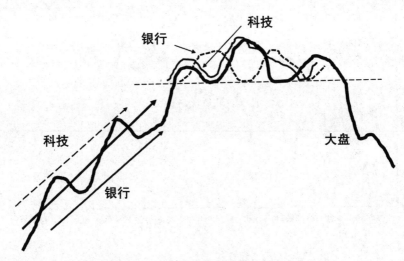

图3-4　大盘头部形态研判板块变动的技巧

案例3-3	不要看着这个板块操作那板块，要遵循信号操作
图3-4	大盘头部形态研判板块变动的技巧

集中注意力研究当日走势中最强势的那些股票。如果您不能从表现领先的强势股身上赚到钱，您就无法在整个股票市场里赚到钱。

正如妇女的服装、帽子和首饰的风格，总是随着时间的推移而变化，股市中的主流股也是此起彼落地变换。几年前，市场的主流股是铁路、美国糖业和烟草，后来换成了钢铁，而美国糖业与烟草则被挤下台。接着，汽车板块成了主流直到现在。如今，我们仅有四个板块的股票在市场上处于主导地位：钢铁、汽车、航空和邮政。如果它们朝着某个方向走，则整个市场也会随着它们而动。随着时间的推移，新的领导股将走到台上，而旧的领导股则将退到幕后。只要股票市场持续存在，这种现象就会一直这样下去。

齐克用注解：

主流股操盘术的三个重点：

（1）追随主流股，才能赚到钱。

（2）追随各板块中最强势的两档股票。

（3）主流股会随着时间的进行，产生物换星移的变化，主流股要经常检查，而不是一成不变的。

企图同时追踪很多只股票肯定是不安全的，因为您将疲于奔命，也会产生混乱。尽可能只分析相对少数的几个板块。您将发现，相较于企图剖析整个市场，只分析少数几个板块，来取得市场的真实情况，后者要容易得多了。如果您能在上述四个表现强势的板块中，正确地分析出其中两只股票的走向，您就用不着担心其余股票会往哪里去了。这就是老生常谈的那句话："追随主流股。"请记住，要保持思维的弹性和灵活，因为今日的领头羊两年之后可能就不是领头羊了。

齐克用注解：

参考本章导读——重磅议题3-3追随主流股，及下列说明。

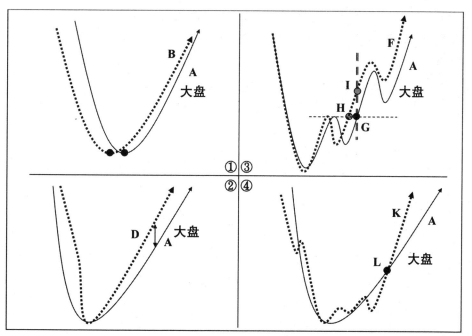

图3-5 四种主流股的基本形态

案例 3-4	掌握主流股才能在股市里赚到钱
图 3-5	四种主流股的基本形态

现在，在我的记录中只保留了四个板块，这并不意味着我同时交易这四种板块。我之所以这么做，自然是别有用意。

齐克用注解：

追踪股票时，应注意的三个重点：

（1）从板块追踪开始着手。

（2）哪些板块值得追踪？这会随着时间的进行而改变。利弗莫尔时代是工业时代，故钢铁类、铁路板块是他经常交易的，因主流股经常出现在这些板块里面。

（3）只要注意板块涨跌，即能看出资金进入，运用姐妹股观察，很快地就能找到主流或强势股。

很久很久以前，当我第一次对价格变动产生兴趣的时候，就决定要来测试一下自己预测未来价格变动的能力。我随身带着一本小册子，记录着我的模拟交易。经过一段时间后，我终于出手做了第一笔交易。我永远不会忘记那一笔交易。我和我的朋友一人各一半，合资买进了 5 股的芝加哥百灵顿铁路公司股票，我分到的利润是 3.12 美元。从那时起，我就成为一个投机者。

齐克用注解：

当您打算开始研究投资时，要如何开始？

（1）先学习观察价格走势。

（2）练习预测能力。

（3）纸上作业并做记录。

（4）进入实战阶段，先小资金操作，感受一下情绪在交易里面的影响程度。

在现在的情况下，我不认为旧形态下大量交易的投机者会有成功的机会。当我提到旧形态下的投机者时，我想的是当时的市场状况是非常宽广，且具有流动性，即使投机者持有某只股票 5000 或 10000 股，当他进出市场时，不会明显地影响到该股票的价格。

齐克用注解：

利弗莫尔在空桶店做投机时，没有滑价问题，也没有成交量的流动性问题，宽广是指市场能够吸纳的量很大。这并不是指过去的市场规模较大，而是指空桶店下的交易形态没有成交量的问题。狭窄是指市场能够吸纳的量很小，现在合法券商的市场状况下，交易时所发生的成交量问题，来自真实交易量受限的影响，故而能容纳的量相对较小。

在过去的时代，投机者建立起始的仓位后，如果该股票表现正确，他就可以放心地一路加码。如果市场证明他的判断是错误的，他可以轻易地卖掉自己的仓位，而且不会造成过大的损失。但今天，如果市场证明他的起始仓位是错误的，卖掉股票时就会蒙受重大亏损，因为市场的宽广度变得相对狭窄了。

齐克用注解：

成交量在操盘过程中扮演着重要角色：

（1）操盘时，要注意市况，注意成交量，而不是一味地蒙着头，想进场交易。当市况不理想时，市场常隐藏着各式各样意想不到的风险，例如流动性问题，大量买进时，会遇到滑价问题。当价与量进入恶性的互相影响阶段时，想要卖掉持股时，市场容纳量不足，经常会导致利润无法转化到账面，或无法顺利执行止损。

（2）交易时机正确下，才能让您顺利执行交易通则。

换句话说，正如我过去所说的，今日的投机者如果有耐心、有判断力，等待到适当的时机再采取行动，最终他将从市场上获得丰厚的利润，因为现在市场波动的行为较不容易被人为操纵了。这种在过去是盛行的操纵行为，造成所有的科学计算都无法掌握价格的波动。

齐克用注解：

为何散户投资人经常问及小盘股或是低成交量的股票？因为这类股票暴涨暴跌，有暴利可图，却没看到致命风险。操盘手在操盘过程中，要了解市场分两种，一种容易被操纵的，另一种是不容易被操纵的。小盘股或是低成交量的股票，是容易被操纵的。选择标的时，应选不易被操纵的，否则交易通则无法进行、技术分析无法分析。

显而易见地，现在的市场状况下，聪明的投机者不会允许自己按照过去正常的大规模进行操作。他会研究少数几个板块，以及其中的领导股。在进场之前，他将三思而后行。股票市场的新时代已经来临，它给明智、勤奋、有能力的投资者和投机者带来了更安全的机会。

第四章　如何管理好自己的资金

导　读

主题

- 亲力亲为理财
- 亏损下买进摊平
- 不要摊低成本
- 追缴保证金
- 每一次只能投入一部分的资金
- 现金就是商人货架上的商品
- 短期致富不可行
- 孤注一掷后赌徒消逝了
- 把投机视为事业
- 结束交易后提出现金

- 养成摸到钱的习惯
- 只在自己的本业中投资
- 投机本身就是一门生意
- 经纪人以赚取佣金为生
- 经纪人鼓励客户过度交易
- 养成过度交易习惯后难改
- 只在财务安全下交易

微信扫码观看第四章解说视频

操盘心法

本章谈利弗莫尔的资金管理技巧。

利弗莫尔的资金管理守则与程序图，让您思考到以下的投资心法（参考本章图4-4）：

★投机本身就是一门生意，所有人都应该如此看待。不要让自己受情绪激动、阿谀奉承或利益诱惑的影响。

★管理自己的钱财时，不要假手他人。

★对亏损的仓位不可以在更低的价位买进摊平。（摊平成本的方法）

★孤注一掷，不停地投入自己所有资金，当您收到补缴保证金通知时，应立即平仓，因为这已告诉您，站在市场错误的一边。

★每一次冒险过程中，只能投入全部资本的一部分。永远要有备用现金。

★不要妄想一夜致富。

★在每次成功交易平仓了结的时候，都应该取出一半的利润锁在保险箱中。

★市场发出危险信号时，是纸上富贵兑现时刻。

★投资是钱财的输赢，并非只是账户数字的跳动而已，不要对钱产生麻木不仁。把钱放在经纪商账户或银行账户里，和偶尔握在自己手中的感觉是不一样的。这对我来说很重要，因为这种拥有的感觉会降低您随意做出投机决策的冲动。

★偶尔要看看您的现金，特别是两次交易之间。

★从股市赚来的钱，不要轻易地尝试股市之外的投资，这些行为总是捞不到好处。

　　★经纪人有时候是许多投机者失败的根源，因为他们会鼓励您过度交易，而身为操盘人，您却当他们是朋友。

　　★不要让过度交易养成习惯。顾好您的钱，慎防因过度交易付出一大笔的手续费。

　　从检查交易清单里，我们会发现无法精准找到正确的交易时机，以至于经常赔钱收场，进而误认应该加强技术分析的技巧，加强对利多利空的认知。但在清单里，也发现了一些资金管理守则，那是我们一直都知道的事，只是做不到而已。若是因为不会的事情而赔钱，这能让人接受，但对于自己已经知道的事情，却还是做不到，这恐怕是让操盘手最难过的事情。人性何时会跑出来捣乱，您完全没有办法控制。要如何防范这些可怕的人性弱点，就成为操盘手在投资市场里的重要修炼。针对这些可怕的人性，利弗莫尔研发出六栏记录及关键点操盘法来遵循，把人性问题在交易过程中的伤害降至最低。

操盘案例

本章有 3 个案例。
案例 4-1　一定要亲力亲为管理自己的钱财
案例 4-2　对亏损仓位不可在更低价位买进摊平
案例 4-3　正确管理投资账户中的资金

操盘图例

本章有 4 个图例。
图 4-1　认清楚投资市场中哪些专家讲的话不能听
图 4-2　亏损仓位在更低价位买进摊平的心理状态

图 4-3 扩大加码亏损仓位买进摊平的亏损状况

图 4-4 利弗莫尔管理投资账户中资金的程序图

操盘逻辑

这一章完全在讲资金管理，不管您的钱是已经转换成仓位，还是还在账户里面，有各式各样的方法去顾好您的钱。大部分的人讲资金管理，都是在讲把钱投入市场之后，当市场如预期的时候，您要怎么加码，不知预期时，您要如何退场。接着还会讲，不能让资金亏损超过多少，等等。而本章谈到的重点是，在还没投入市场之前，您的钱要怎么顾好它，管理手中的钱。

"金钱"是参与投资的权利。如果您有能力管好投放入市场的钱，钱就会越变越多。您可以扩大仓位，让赚钱的速度越来越快，这时复利的效果就会彰显出来。但如果您没有能力管好，则钱会越变越少，到最后负债累累，丧失了投资的权力。投资市场时时刻刻存在着不可预知的风险，且每个人都有无法控制的人性问题。因此，若想在投资市场中让金钱能产生复利效果，又必须管理好上述两种风险，才能永保平安，那要用什么方法呢？利弗莫尔说：

（1）亲力亲为，管好自己的钱。

（2）错误的投机方式，注定亏钱。

（3）永远保有现金。

（4）降低随意做出投机决策。

（5）投机本身就是一门生意。

（6）避免过度交易。

建立正确的操盘逻辑是管好钱财的基本功。在投资市场赚来的钱，来得快，去得也快。想要将这些钱永远落袋为安，必须有方法，这里他仔细剖析获利的细节与其操盘思维。

重点摘要

1. 亲力亲为，管好自己的钱
★管理自己的钱财时，一定要亲力亲为，千万不要委托他人。

★华尔街之外，我从来没能赚过半毛钱。

2. 错误的投机方式注定亏钱
★对亏损的仓位不可以在更低的价位买进摊平。不要采用摊低成本的做法。

★当您接到追缴保证金的通知时，应立即平仓，因为它说明了您站在市场错误的一边。

3. 永远保有现金
★每一次冒险过程中，也只能投入全部资本的一部分。对投机者来说，现金就像是商人货架上的商品。

★投机者在每次成功交易平仓了结的时候，都应该取出一半的利润锁在保险箱中。投机者唯一能从华尔街赚到的钱，就是他们了结一笔成功的交易后从账户里提出来的现金。

4. 降低随意做出投机决策
★投机者在每次成功交易平仓了结的时候，都应该取出一半的利润锁在保险箱中。投机者唯一能从华尔街赚到的钱，就是他们了结一笔成功的交易后从账户里提出来的现金。

★容易得手的钱长翅膀，来得快去得也快。

5. 投机本身就是一门生意
★在华尔街之外，我从来没能赚过半毛钱。由于华尔街之外的"投资"，我已经损失了数百万美元，而这些钱都是我从华尔街赚来的。

★投机本身就是一门生意，所有人都应该如此看待。不要让自己受情绪激动、阿谀奉承或利益诱惑的影响。

6. 避免过度交易

★请记住，经纪人有时候是许多投机者失败的根源。经纪人从事这行业以赚取佣金，除非客户交易，否则他们无利可图。交易越多，佣金就越多。投机者想要交易，而经纪人不仅欢迎他们交易，而且经常鼓励他们过度交易。不知情的投机者把经纪人当成自己的朋友，很快地就开始过度交易。

★如果投机者够聪明，知道应该在什么时候多做交易，那么这种做法就是合理的。

★一旦养成了过度交易的习惯，很少有投机者能够明智地自己罢手。他们被冲昏了头，失去了投机成功至关重要的平衡感。

容易得手的钱长翅膀，来得快去得也快。

重磅议题

重磅议题 4-1 不要采用摊低成本的做法

内容：

投资人为何会运用此操作手法？不外乎是想逢低加仓把成本价降至市价附近，这样就可能在反弹的时候赚钱出场。人性弱点是另一个重点，价格相对便宜，就是较有吸引力。当时 20 元买了，现在 15 元当然就更能买。所以，越跌越买，是符合人性的做法。

问题：

"投资就是要等到赚钱时，才愿意出场"是一个错误的投资逻辑，这将导致一连串的错误行为。为了让做错的交易，能在反弹时解套，散户的可执行方法通常就只剩逆势加码买进一途。摊平加码之后，如果行情能如预期反弹，当然有脱困机会，但如果行情还是往不利于的方向发展时，那就变成在亏损仓位上更加扩大损失。股票往不利于投资的方向发展时，就像失火了一样，您应该往外跑，而不是往内跑，这就是摊低成本做法的问题所在。

结论：

向下摊平与顺势交易法则，与在胜算大的地方下手的操盘术相抵触。故运用时千万要小心谨慎，否则终究会遇到毁灭性的灾难，这包括：股票退市、公司倒闭、基金清算等。

向下摊平的操作手法，用在哪些地方就可能是对的？所有的操作手法都可能是对的，重点在操盘人的运用时机是否正确。向下摊平手法在下列三种情境下，会是对的：

（1）如果是在上涨趋势的回调中，回调整理完后再涨，这时累积的仓位，就会是对的。

（2）如果是在底部区，累积的仓位就会是对的。

（3）如果是在整理区间，行情就在交易区间里面震荡，遇压力就向下走，遇支撑就往上走，这时的向下摊平，也可能是对的。

但是若是遇到空头架构，在持续下跌的趋势中，做逆势加码的动作，最后一定会产生严重亏损，甚至赔光。这个时候，前面三种状况下累积的获利，会不够最后这次的亏损。由于未来的行情不可知，故在操作策略中必须摒除这种可能性。结论是：不要采用摊低成本的做法。

握有大量的亏损仓位，会严重影响操盘手的判断与情绪的身心状况。真正的操盘高手，不允许这类事情发生在交易过程。

重磅议题 4-2 每笔交易最多投入全部资本的一部分

内容：

每一次冒险过程中，只能投入全部资本的一部分，这意味着，投资市场随时随地都可能产生不如预期的意外，操盘手必须保持进可攻与退可守的策略。什么是进可攻，退可守的策略呢？既有仓位，又有现金。

问题：

为何要强调每笔交易最多投入全部资本的一部分？因为每次赔光都一定有这一条原因。犯了这条错误后，小则惨赔，大则赔光。可见犯了这条错误是很严重的。既然知道问题所在，为何还会重复犯这个错误？原因包括：太有信心以至于押满注。已经亏损下，逆势持续加码布局后，加到最后投入全部资金。

结论：

所谓的"每笔交易最多投入全部资本的一部分"，就是巴菲特的"安全边际"法则。这条法则强调，手边永远都要保留适量的现金。

利弗莫尔讲的安全边际，不只用在长期投资，甚至连短期投机都适用。只是说，这个安全边际，如果放在长期投资里面去执行，是属于较容易操作的方法。但如果是短期投机呢？短期投机很难控制，故利弗莫尔有很多次的亏光，都是在短期投机里失利。

应该这样说比较对，利弗莫尔在早期的时候，如果仓位赚钱，出场之后，就适时地放松一下，坐游艇与钓鱼度假，并把钱转一部分出来。到了后期的时候，他体会到每一次一失控就亏光了，所以体会到留有现金安全边际的重要，最好要转到非交易账户里面。安全边际要留出来的原因包括对小孩与老婆应该负责任，方式是买年金险与信托。

如果把投资与退休放在一起思考的时候，那就应该把巴菲特的"安全边际"论述放进来讲，也就是说，不管您如何投资，投资多少，总是要留一些现金当安全边际。这些现金，可以当成万一亏光了之后，东山再起的本钱，也可以当成将来退休之后的生活费。

重磅议题 4-3 视投机为事业并依商业原则经营

内容：

本章从头到尾一再重复这句话，显示其困难度与重要性。在投资的过程中经常产生情绪问题，以至于在失去理智时，忘了要视投机为事业并依商业原则经营。在本书一开始谈的四种人不能玩投机游戏：愚蠢的人，懒得动脑的人，情绪管理不佳，妄想一夜致富。这四种人都不会视投机为事业并依商业原则经营。

问题：

为何视投机为事业并依商业原则经营是件困难的事情？因为想要在市场用钱赚钱的人，都是怀有贪念进入市场的。有了贪念，就失去了平常心。所以才会说，两个月内赚了500%，接下来的几个月我还要赚更多，我要发大财了。

结论：

哪些地方是我们应该注意的，视投机为事业并依商业原则经营：

（1）管理自己的钱财时，一定要亲力亲为。没有人会把生意交给别人，完全不理会地经营。

（2）对亏损的仓位不可以在更低的价位买进摊平，没有人会针对亏损的生意持续扩大经营。

（3）接到追缴保证金的通知时，应立即平仓，没人会针对即将倒闭的公司再注入资金。

（4）对投机者来说，现金就像是商人货架上的商品，所以要保护好自己的本命。

（5）投机者都有一个通病，急于求成，总想在很短的时间内发财致富。生意人新开一家店铺，不会指望第一年就从这笔投资获利25%。

（6）除了自己的本业，您永远不可能在任何生意上取得成功。做生意的人都懂，在自己的本业中努力，寻求成功。

重磅议题4-4 正确及错误的资金管理方式

内容：

这章的名称是：Money In The Hand，不是"落袋为安"，而是管理好您手中的资金。当我们谈到做错要止损时，这是风险管理。当谈到一笔赚钱的交易要如何处置时，是利润管理。回到整体资金的管理时，是资金管理。这里要来谈利润管理与资金管理。错误的资金管理是注定亏钱的。

问题：

利弗莫尔讲说赚钱时，要先转一部分的资金出来到银行账户。但是我们初入投资市场，赚了钱，适合这样做吗？如果这样做，那我们不就一直都在原层级里操作，规模就无法放大了？所以，这个观念要在什么样的情况下，才能这样做呢？

结论：

若是照资金管理原则来操作的时候，一般在初期时，经常发现，当总资金太小的时候，经常是连一个单位都不能买，就像贵州茅台。因为买下去之后，占总资金的比较太高了，或者甚至于只能买零股。故在这种状况时，买卖就要非常小心谨慎，因为无法照正常资金管理模式操作。

等做了一段期间，把资金的规模扩大，已经来到可以准备安全边际这件事的时候，才可以安全地照原定资金管理方式去做。所以利弗莫尔讲赚钱时，要转一部分的资金出来，这不是在空桶店的时期，而是在后期，关键点技巧已经成熟的时候，做大波段的时候。

关于如何处理利润？这里提到四个重点：

（1）利弗莫尔实现纸上获利的时机，是在市场严重超涨，利多下暴涨的位置。也许您会问，严重超涨，不就是代表未来再涨跌的可能性大，为何他要在这时候实现获利呢？拥有大仓位的人，卖出股票，除了参考市价之外，最重要的是那个位置是他可以顺利将仓位脱手的地方。考虑价之外，还要考虑量。

（2）经纪人说，我只看过追缴令，没看过要把钱转出的，这里指的是投机赚到大钱是少数人，并且这种赚钱下的资金管理异于常人。

（3）一般的投机者是如何管理好自己账户里的钱呢？为了要赚更多的钱，通常不会把利润转出来，会留在账户内，以利于自己将来可以做更大规模的操作。

（4）大多数人在将利润获利了结之后，称为落袋为安，心情就可以放轻松了。但利弗莫尔又多做了一个动作，把部分的钱从账户里取出。这意思是指要把赚来的钱，彻底挪至自己不能动用的地方。可见，利弗莫尔认为要在投资市场顾好本金是件困难的事。

下面我们进入《股票大作手操盘术》第四章正文。

当您管理自己的钱财时，一定要亲力亲为，千万不要委托他人。无论是上百万元的大钱，还是几千元的小钱，都一定要亲自处理。这是您的钱，只有在您小心看紧下，它才不会流失殆尽。错误的投机方式是注定亏钱的。

齐克用注解：

错误的投机方式是注定亏钱的。利弗莫尔说：错误的投机方式，族繁不及备载。在利弗莫尔的回忆录里面与本章，举了很多自己所犯的错误，而这些都是值得仔细阅读，并吸取叮咛的教训。您有哪些错误的投机方式？建议运用"交易记录"，找到自己所犯的错误，逐一改进，而这正是利弗莫尔往超级绩效靠拢的投机方法。

　　整个金融行业大致分为 sell side（卖方）和 buy side（买方）两大类。sell side，通常指投行（investment banking）。主要业务是把各种资产（asset）变成各种金融产品，提供给市场。通过销售产品赚取手续费、交易费等收入，提供的是服务，赚取的是佣金。buy side，主要业务是投资管理方面，通过自己投资获得利益赚钱，由各种机构投资者组成。

　　更多注解请参考本章导读及下列说明。

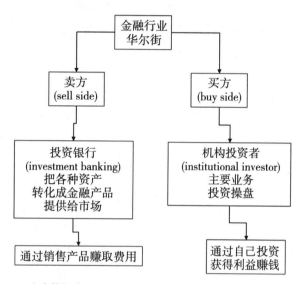

图 4-1　认清楚投资市场中哪些专家讲的话不能听

案例 4-1	一定要亲力亲为管理自己的钱财
图 4-1	认清楚投资市场中哪些专家讲的话不能听

　　无能的投机者犯下的大错无奇不有。我一直强调，对亏损的仓位不可以在更低的价位买进摊平。然而，这刚好是许多投机者最常犯的错。很多人买进股票，比如在 50 美元买进了 100 股，两三天后价格跌到了 47 美元，这时他们就会冲动地再买进 100 股，而股票的平均成本变成了 48.5 美元。想想看，他已经在 50 美元买进了 100 股，而且对 3 个点的亏损忧心忡忡，那么他到

底凭什么理由再买进100股，以至于价格跌到44美元时加倍地担心害怕呢？到那时，第一次买进的100股亏损600美元，第二次买进的100股亏损300美元。

如果有人打算采用这种不靠谱的方法操作，他就应该坚持到底，价格跌到44美元，再买进200股；到41美元，再买进400股；到38美元，再买进800股；到35美元，再买进1600股；到32美元，再买进3200股；到29美元，再买进6400股，以此类推。然而，有多少投机者能够承受这样的压力？如果这样的操作是明智稳当的，那就不应该放弃。当然，像那样的异常举动并不经常发生，但投机者必须加以防范以避免灾难。

齐克用注解：

更多注解请参考本章导读及下列说明。

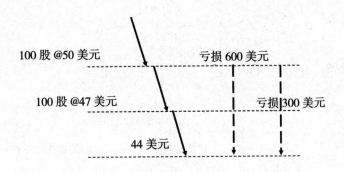

想想看，他已经在50美元买进了100股，而且对3个点的亏损忧心忡忡，那么他到底凭什么理由再买进100股，以至于价格跌到44美元时加倍地担心害怕呢？

图4-2　亏损仓位在更低价位买进摊平的心理状态

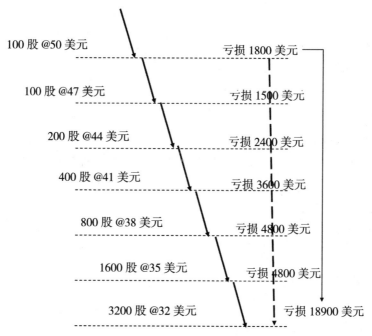

图 4-3 扩大加码亏损仓位买进摊平的亏损状况

案例 4-2	对亏损仓位不可在更低价位买进摊平
图 4-2	亏损仓位在更低价位买进摊平的心理状态
图 4-3	扩大加码亏损仓位买进摊平的亏损状况

因此，尽管有重复说教之嫌，我还是要呼吁您，不要采用摊低成本的做法。

齐克用注解：

参考本章导读——重磅议题 4-1 不要采用摊低成本的做法。

从经纪人那里，我得到唯一可以确定的内幕消息，就是追缴保证金的通知。当您接到追缴保证金的通知时，应立即平仓，因为它说明了您站在市场错误的一边。既然已知犯错，为什么还要把钱继续投入亏损的交易呢？把这笔钱拿到其他更有吸引力的地方去冒险吧！

齐克用注解：

追缴保证金是发生在个人，还是在整体市场？

（1）就个人而言，收到追缴保证金的通知时，应立即平仓。这是属仓位管理与资金管理的范畴。仓位管理，执行止损机制。资金管理，不加码在损失中的仓位。

（2）就整体市场而言，当从经纪商那里得到小道消息，是许多人正处于被追缴保证金的命运，就能推断市场目前所在的位置，通常即将触底上涨。

成功的商人愿意提供更多的信用给不同的客户，但却不喜欢把所有的产品卖给单一客户。客户的数量越多，风险就越分散。同样的道理，从事投机的人在每一次冒险过程中，也只能投入全部资本的一部分。对投机者来说，现金就像是商人货架上的商品。

齐克用注解：

参考本章导读——重磅议题 4-2 每笔交易最多投入全部资本的一部分。

所有的投机者都有一个通病，急于成功，总想在很短的时间内发财致富。他们不想用两至三年的时间来使自己的资本增加 500%，而是打算在两到三个月内做到这一点。他们偶尔会成功，但这些大胆的交易者最终守得住这些财富吗？不可能。为什么呢？这些钱来的不稳当，因此来得快去得也快。在这种情况下，投机者会冲昏了头，他会说："如果我能够在两个月内使自己的资本增值 500%，想想看接下来的两个月我会做的事情！我要发大财了。"

齐克用注解：

为什么不能做这样的发财梦呢？第一次买 10 张 100 万，赚 50 万。当股价再回来原来价格时，第二次买 15 张 150 万，把第一次赚来的钱，也一并投入。心里盘算着，这次应该要赚 75 万元。

这想法有漏洞吗？第一次买进时，市场方向是向上的，是顺势操作。第二次买进时，市场方向是向下的，是逆势操作。这就是妄想发大财之后，最终赔光的景象。

这样的投机者永远不会满足。他们孤注一掷，不停地投入自己全部的资金，直到有一天发生了剧烈的、无法预料的、毁灭性的事件。最后，经纪人终于发出了追缴保证金通知，然而金额太大，他已无力补足，于是这位大胆冒险的赌徒就像流星一样的消逝了。也许他会求经纪人再宽限一点时间，或许他还算幸运，口袋里还有一点点资金，可以东山再起。

齐克用注解：

止损，是拯救自己的行为，并非只是单纯的认错而已。本金是取得交易机会的基本门槛。

如果是生意人新开了一家店铺，他肯定不会指望第一年就从这笔投资中赚到25%以上。但对投机领域的人来说，25%算不了什么，他们要的是100%。他们的算计是错误的。他们没有把投机视为事业，并按照商业原则经营这个事业。

齐克用注解：

参考本章导读——重磅议题4-3视投机为事业并依商业原则经营。

还有一点值得一提的是，投机者在每次成功交易平仓了结的时候，都应该取出一半的利润，将它锁在保险箱中。投机者唯一能从华尔街赚到的钱，就是在他们结束一笔成功的交易后，从账户里提出来的现金。

回想起我在棕榈滩的那一天。当我离开纽约时，手中还持有相当大的放空仓位。在抵达棕榈滩数日之后，市场出现了严重下跌。这是将"纸上利润"兑现成账面上现金的机会，而我也这么做了。

收盘后，我请电报员发送一封电报，要他通知纽约办事处立刻汇出100

万美元存入我的银行户头。那位电报员差点昏倒。发完电报后，他问我是否可以收藏那张纸条。我问他为什么。他说，他已经当了20年的电报员，这是他经手的第一封客户要求经纪人把钱存入自己银行账户的电报。他还说："经纪人发出成千上万则电报，都是要客户们追加保证金的，但从来没有人像您这样。我想把它拿给孩子们看看。"

一般的投机者只有在自己手中完全没有仓位，或经纪账户中有仓位之外多余的钱时，才能把钱提领出来。当市场朝着不利于自己仓位方向进行时，他不会提领这些钱，因为他需要这些钱来充当保证金。当他了结一笔成功的交易后，也不会将钱领出，因为他会对自己说："下次我将会用这些钱再赚两倍。"

因此，绝大多数的投机者很少会见到钱。对他们来说，这些钱是虚无的，看不见也摸不着。多年来，我已经养成习惯，在结束一笔成功的交易之后，都要提领出来部分现金。我通常的做法是，每次提领20万或30万美元。这是一个很好的方法，它让人在心理上有踏实的感觉。将它作为您的策略，数一数您的钱。我已做到了。我知道自己手中有实实在在的钱。我感觉的到，它是真的存在。

把钱放在经纪商账户或银行账户里，和偶尔握在自己手中的感觉是不一样的。这对我来说很重要，因为这种拥有的感觉，会降低随意做出投机决策的冲动，而随意的投机决策最容易导致失败。因此，随时要感觉自己握有的现金，特别是在两次交易之间。

一般的投机者在这些事情上的态度不够积极。当投机者有幸地将他的原始资本翻倍时，他应该立即提领出一半的利润留作未来备用。这个方法有好几次帮了我的大忙。唯一遗憾的是，我没有在自己的职业生涯中，始终贯彻这一原则。在某些有状况的地方，它会让我走得更平稳一些。

齐克用注解：

参考本章导读——重磅议题4-4 正确及错误的资金管理方式。

在华尔街之外，我从来没能赚过半毛钱。但是，由于华尔街之外的"投资"，我已经损失了数百万美元，而这些钱都是我从华尔街赚来的。我记得这些"投资"包括佛罗里达泡沫的房地产、油井、飞机制造，以及新产品的精制和推广，等等。每笔交易我总是赔得精光。

在华尔街之外的这些冒险投资中，曾经有这么一回，我被激起了强烈的兴趣，于是试图说服我的一个朋友也投入5万美元。他十分认真地听完我的说明，然后说："利弗莫尔，除了自己的本业，您永远不可能在任何其他的生意上获得成功。如果您需要5万美元去投机，可以拿走这些钱，但请您仅限于投机，千万别去碰那桩生意。"

第二天一早，邮差送来了一张5万美元的支票，令我惊讶的是，我并不需要借这5万美元。

这里的教训是，投机本身就是一门生意，所有人都应该如此看待投机。不要让自己受到情绪激动、阿谀奉承或利益诱惑的影响。请记住，经纪人有时候是许多投机者失败的根源。经纪人从事这个行业以赚取佣金，除非客户交易，否则他们是无利可图的。交易的越多，佣金就越多。投机者想要交易，而经纪人不仅欢迎他们交易，而且经常鼓励他们过度交易。不知情的投机者把经纪人当成自己的朋友，很快地就开始过度交易。

齐克用注解：

这是值得我们深思的事情。一天到晚在股市里进进出出，您有视投机为本业吗？您有研究过在股市里，赚钱的商业模式是什么吗？

如果投机者够聪明，知道应该在什么时候多做交易，那么这种做法就是合理的。也许他知道什么时候可以，或者什么时候应该过度交易，但是一旦养成了这种习惯，很少有投机者能够明智地阻止自己过度交易。他们被冲昏了头，失去了投机成功至关重要的平衡感。他们从没想过自己也有犯错的一天。然而，这一天终究来了。容易得手的钱长了翅膀，来得快，去得也快，于是又一个投机者破产了。

齐克用注解：

操作的过程，养成良好习惯是非常重要的，一旦养成了坏习惯就很难改变赔钱的命运。错误逻辑也许可以救得了您一次，但一旦把错误逻辑养成坏习惯，就很难改了。投资难，难在误以为交易最安全的技巧，就是买在最低点，买在关键点上，殊不知，真正安全的交易，是来自于处理风险的能力。举例说明，小鸟停留在树上，树枝摇晃，小鸟为何不怕？因为小鸟知道，即便树枝断了，但它有翅膀，可以飞走啊。只要它能飞走，那树枝摇晃或断裂，就不影响小鸟的安全性，未来小鸟还是一样可以再停靠在树枝上。

除非您能在财务安全的情况下进行交易，否则不要出手。

齐克用注解：

更多注解请参考本章导读及下列说明。

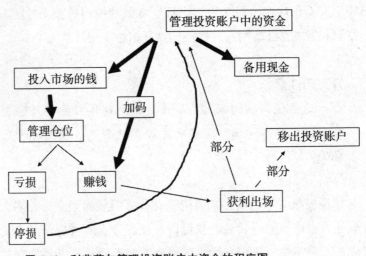

图4-4　利弗莫尔管理投资账户中资金的程序图

案例4-3	正确管理投资账户中的资金
图4-4	利弗莫尔管理投资账户中资金的程序图

第五章　关键点操盘的交易时机

导　读

主题

- 关键点
- 指标发出信号
- 耐心等待
- "牛市"或"熊市"
- "上升趋势"或"下降趋势"
- 时间因素
- 记录、交易记录、行情记录
- 整数关卡关键点
- 危险信号
- 持续关键点
- 反转关键点
- 股票创新高
- 股票创新低
- 亲力亲为做记录
- 投入时间研究
- 标记关键点的价格
- 独立思考
- 主观判断
- 复杂的关键点

微信扫码观看第五章解说视频

操盘心法

凡是只要看过利弗莫尔书籍的读者，都知道书中可以帮助投资人赚大钱的秘密就在利弗莫尔的关键点技巧。可是等您看完整本书之后，对于关键点到底在哪里，感觉似懂非懂，好像又没办法讲清楚。这是什么原因呢？因为利弗莫尔所说的关键点，有各式各样的关键点，例如：

· 属于支撑压力的关键点

· 突破新高新低关键点

· 整数关卡关键点

· 持续关键点

· 反转关键点

· 计算出来的关键点

· 调整过的关键点

· 交易记录里面的跳行记录关键点

· 主观判断的关键点

从关键点的分类来看，大致上可以分为：

（1）在走势图上就能看见的关键点；

（2）可以计算出来的关键点；

（3）主观判断而来的关键点。

接下来笔者在本章正文中借由注解帮大家说清楚。

为何会有这么多类型的关键点呢？这就要回到检查利弗莫尔一生的经历。从做短线交易，到操作波段，从短期、中期，到长期。每个阶段，每种操作模式，都有其相关的关键点，适当的交易时机，经常能让他一出手总是满载而归。

利弗莫尔为了要找到关键点，发展出来一套"六栏记录"的方式，从记录股价的变化中，找出关键点，然后运用关键点技巧来操盘。在本书最后三章，会再做仔细说明。"哪里买？哪里卖？""哪里该加码？哪里该减码？""我要如何做事后的检讨？"这些都是实战操盘会遇到的问题。您的操盘问题，利弗莫尔已用"六栏记录"的方法解决了。

1. 关键点的重大功能，是发现正确的交易时机

我们知道低买高卖，就能赚钱。但问题是要在哪里买？在哪里卖？简单讲这是在谈正确的交易时机。通过利弗莫尔的六栏记录，导出关键点，进而观察关键点位置的筹码供应情形与股票波动情形，精准掌握一出手总是满载而归的市场时机。

2. 关键点的种类

已在前面的操盘心法中说明。这些关键点让您清楚知道进场点、加码点、场内场外缩手不动的时机，以及出场点。

3. 关键点是日后检讨的指引

关键点可以从六栏记录中找到。它可以让操盘手依循相关规则进出场，这将有助于日后的检讨，能精准看出自己的盲点，以利未来研判进出场技巧的提升。如果未记录当下决策的信息，很容易用最后结果是赚钱或赔钱来论述对与错，造成未来的误判。利弗莫尔能清楚分享他的操盘经验，就在于他有六栏记录，同时找到关键点的方法，以及他个人对于关键点研判与实战的轨迹。

操盘案例

本章有 4 个案例。

案例 5-1 往下止跌后辨识关键点与买卖时机

案例 5-2 第一次运用整数关键点实战安纳康达案例

案例 5-3 运用整数关键点实战伯利恒钢铁案例

案例 5-4 可可豆突破长期关键点预告长波段趋势

操盘图例

本章有 4 个图例。

图 5-1 往下止跌后图解说明四种关键点的买卖信号

图 5-2 安纳康达整数关键点实战案例图解

图 5-3 伯利恒钢铁整数关键点实战案例图解

图 5-4 记录可可豆突破一年半高点关键点图例

操盘逻辑

每个投资人都想要得到利弗莫尔说的两个结果：打从一开始就赚钱，一出手总是满载而归。这里指的就是关键点操盘术。找到了关键点，又用对了技巧，就能得到这两个结果。要怎么样找对又用对关键点？必须亲力亲为做记录，独立思考与主观判断，才能正确地将关键点操盘术发挥得淋漓尽致。本书中的"记录、行情记录、交易记录"三个语词都是一样的意思，就是记录（Record）。

有关于交易时机里的进场与出场点，经常会问，那里才是正确的交易时机？逻辑是什么？利弗莫尔说，他运用客观数字，加上独立思考，来找进场出场点。为了保有独立思考，他会怎么做？

（1）亲力亲为做记录，来厘清市场方向。

（2）睡眠充足后，早起整理操盘思绪。

（3）阅读晨报，分析新闻事件对投资市场的影响。

（4）注意头版与大标题，这是投资人容易犯错的源头。

（5）保持不要被外界干扰的环境。

想在投资市场赚钱，您必须有备而来。多数人都企图以随机的、散漫的、简单的方式，去把玩这世界上最困难的游戏。利弗莫尔告诉您，这种游戏需要客观的信息，以及仔细思考。它会因人性或生活方式而完全不同。本章从关键点开始谈操盘逻辑的大方向，分成8点在下面"重点摘要"中仔细说明。

重点摘要

1. 耐心等待一出手总是满载而归的关键点

★无论何时，只要耐心等待市场来到"关键点"后才出手，总是能赚到钱。我就是在行情开始启动的关键时刻进场交易的。我从来没有担心过亏损，原因很简单，在指标发出信号时，立即采取行动，并且开始建立仓位。随后，唯一需要做的事情是静观其变，让市场自行发展。只要耐心等待、静观其变，市场也会在适当的时候发出信号，告诉我何时该获利出场。任何时候，只要有勇气和耐心地等待，直到信号出现，就能按部就班地如愿以偿。

★每次只要我失去耐心，未能等待到关键点出现就进场，企图快速获利的结果，总是落得赔钱收场。

2. 关键点启动后要立刻出手，该笔利润是市场波动与本金之间的安全边际

★如果没有及时进场，就会丧失一大段利润，而这段利润是我有勇气和耐心持有整个波段不可或缺的。在行情结束之前，市场总是不时地出现轻微的上下震荡，而这利润正是我不为所动并顺利通过难关的保障。

3. 大钱是靠时间因素累积而来

★"罗马不是一天造成的"，任何重大的趋势不会在一天或一周内结束，它需要一定的时间才能完成整个过程。

★大部分的市场变动都发生在整个过程的最后48小时，这是最重要的时刻，也就是说，在这段时间您一定要在场内并持有仓位。

4. 心中无多无空的偏见，只有向上或向下的方向

★我之所以没有使用"多头"或"空头"这样的字眼来阐述当时市场的趋势，原因在于许多人只要听到"多头"或"空头"，就立即会联想到市场将在很长的一段时间里按照"多头"或"空头"的方式运行。问题是，这种明确定义的趋势，并不经常发生，大约四或五年才会出现一次，但在此期间还会出现许多持续时间相对较短的明确趋势。

★使用"上升趋势"和"下降趋势"这两个词，它们恰如其分地表达了市场在特定时间内发生的事情。如果您认为市场即将进入上升趋势而买进股票，几个星期之后，经过再次研究后得出结论，市场正在进入下降趋势，此时您会发现自己很容易就能接受趋势逆转的事实。

5. 要做交易记录，并结合时间因素，找出关键点

★利弗莫尔操盘法是结合时间因素与价格记录，经过30多年潜心研究的结果，这些原则是预测未来重要市场走势的基本指南。

★当我初次做交易记录时，发现它并没有带来多大的助益。几个星期之后，我有了新的想法，它激发我重新努力记录。结果发现，虽然它比第一次的记录有所改进，但还是没有带来我想要的信息。我脑子里不断涌现新的想法，于是我做了一系列的记录。在做了很多记录之后，我逐渐地开始发现前所未有的新想法，而我做的交易记录也渐渐浮现出越来越清晰的市场轮廓。但是，直到我结合时间因素与价格走势之后，我的交易记录才开始对我说话！

★我都以不同的方式，将每一笔交易记录整合在一起，而这些记录最终使我能够确定关键点的位置，并且告诉我如何利用它们在市场上获利。从那时起，我已经多次改进自己的计算方法，而今天我所采用的记录方式，也同样能对您说话，只要您愿意听它们说。

★通过记录股价，并考虑时间因素，您就能够找到许多关键点，那里是您能参与市场快速移动的地方。但是，您要充分认识到运用关键点交易是需要耐心的。您必须亲力亲为做记录、投入时间研究并标记关键点的价格。

★研究关键点的过程，就像挖掘金矿一样，令人难以置信的迷人，而您将从自己判断的成功交易中，获得一种独特的乐趣和满足感。听信明牌或高

人指点，或许也能获得利润，但您会发现，凭借一己之力获得的利润，更能带来巨大的成就感。如果您自己发掘机会，按自己的方式交易，耐心等待，密切注意危险信号，您就能养成正确的思维。

★当您亲手记录股价，并且仔细观察不同的价格形态时，您的价格记录就会开始对您说话。您会在突然之间意识到，记录的资料正在形成某种特定的形态。它正在清晰地揭示逐步形成的市场局势。它建议您回顾一下记录，看看过去在类似条件下，市场最终出现了什么样的重大走势。它告诉您，凭着缜密的分析和良好的判断，您就能形成自己的看法。价格形态提醒您，每一次重大的市场变动，都只是历史重演，只要熟悉过去的走势，就能够正确地预测和应对即将到来的变动，并从中获利。

★我要强调一个事实。我不认为这些记录是完美的，不过它们对我的帮助是无可替代的。我清楚地知道，这些记录就是预测未来的基础，任何人只要愿意研究这些记录，并亲手维护，他们在操作过程中就会获利。

★如果将来有人采用我做记录的方法，从市场上获得比我更多的利润，我一点都不会感到惊讶。这句话是基于这样一个前提：尽管我是在一段时间之前，通过分析行情记录，而得出自己的结论，但现在那些开始应用这个方法的人，可能很容易就会发现我遗漏的新价值点。说得更明白一点，我并没有进一步寻找新的观点，因为从我过去一段时间的应用经验来看，现有的这些已经完全满足了我个人的需求。然而，其他人或许可以从这个基本方法中，发展出新的想法，然后应用这些想法，从而提升这些基本方法的价值。如果他们能够做到这一点，我可以肯定地告诉您，我是不会嫉妒他们的成功的！

6.关键点让您操盘更有依据，正确的交易时机靠自己挖掘

★当投机者能够确定某只股票的关键点，并运用关键点来解释市场行为时，他就有相当的把握能够建立从一开始就获利的仓位。

★我已经开始利用这种最简单的关键点交易法来获利。我发现，当某只股票的价格来到50、100、200甚至300美元时，一旦市场穿越这些关键点，随后几乎总是展开一段又急又陡的涨势。

★我第一次尝试利用这些关键点获利的股票是安纳康达（Anaconda）。当

它以 100 美元的价格卖出时，我即刻下单买进 4000 股。几分钟后，直到穿越了 105 美元，我下的单子才全部成交。仅在当天，在我买入之后又上涨了 10 个点，第二天出现显著的上涨。短时间之内，上涨超过了 150 美元。从那时起，只要有关键点出现，我就很少错过这种机会。

★当安纳康达（Anaconda）来到 200 美元时，我成功地故技重施。当它突破 300 美元时，我再一次如法炮制，但这次没有真正有效地跨越关键点，只来到 302.75 美元。市场正在发出危险信号，于是我卖出手中的股票。很幸运地，我在当天的收盘价 298 美元之上卖出了所有股票。后来才几天的时间，它就跌到了 225 美元。

★使用关键点来预测市场走势时，必须牢记一点：如果该股票在穿越关键点之后，没有展现其应有的表现，这就是一个必须注意的危险信号。

★如果某只股票越过关键点后，缺乏持续的动力，则市场很容易掉头转向，此时应当机立断，出清仓位。

7. 操盘经验值

★假设最近两三年上市的新股，其最高价为 20 美元，而这样的价格是两三年前创下的。如果这时发生对公司有利的事情，而且股票开始上涨，那么在它突破高价时，买进该股通常是十分安全的。

★一只股票上市时，可能以 50、60 或 70 美元的价格开盘，随后下跌了 20 点左右，此后在其最高点和最低点之间徘徊了 1 年或 2 年。那么，如果它的价格跌破先前的低点，则该股票可能会大幅下跌，为什么？因为该公司内部一定出了问题。

★商品交易经常出现具有吸引力的关键点。长久以来，可可豆不具有投机诱因。多年来，可可市场一直只有一般幅度的波动，这次急速的上涨，显然有十足充分的理由。原因是可可豆的供给出现了严重短缺，而那些密切关注关键点的人，在可可市场找到了一个绝佳机会。

8. 没有亲力亲为完成内化，没有使用的信心，无法交出漂亮的绩效

★很少有人能够根据偶尔的内幕消息，或他人建议而获利的。许多人乞求内幕消息，但他们并不知道如何使用。

重磅议题

重磅议题 5-1 结合时间因素与价格记录的关键点技巧
内容：

利弗莫尔讲了很多遍"时间因素"这四个字。在说明关键点操盘术时，利弗莫尔说：当我初次做行情记录时，发现它并没有带来多大的助益。在做了很多记录之后，逐渐地开始萌发前所未有的新想法，而行情的记录也渐渐浮现出越来越清晰的市场轮廓。直到我结合时间因素与价格走势之后，我的记录才开始对我说话！这里谈到的"结合时间因素与价格走势"，对关键点操盘术而言是非常重要的。因为有了这个记录技巧之后，关键点技巧才走到成熟可用的地步。

问题：

结合时间因素与价格走势的记录，为何能预测市场未来的走势？

这里所谈的结合时间因素与价格走势的记录，就是指本书最后面的手稿与规则。手稿中的六栏记录是为了要分辨短多、中多、长多，以及短空、中空、长空，共六种趋势。运用持续关键点与反转关键点，找出趋势延续的确认点，以及反转的拐点。看懂手稿中的规则，将每日的收盘价依序不填或填入表格，用以辨识行情进行在哪一种趋势中。这里所谈的时间因素，就是指的短中长期的时间周期。

结论：

关键点出手的时点是非常短暂的，在关键点出现之前，要执行场外缩手不动。在关键点进场之后，若是关键点已经正确了，再接着就是要执行场内缩手不动。在关键点成立之前就买进股票，因为股票没有办法形成适当的关键点，并明确地走出它的方向之下，操之过急是很危险的。但若买进价位比关键点高5%或10%的情况，那么就可能太迟了，这会因为走势已经展开而丧失了突破关键点就买进的优势。先确定自己操作的短中长期循环周期趋势，再运用结合时间因素与价格走势的记录，找出短中长期趋势的持续关键点与反转关键点进场，这才符合自己操作的周期。

重磅议题 5-2 关键点价格是观察与计算得到的

内容：

过去在利弗莫尔操盘术的课堂上，谈到关键点技巧，它是利弗莫尔用来找寻交易的时机，也就是买进时机与卖出时机。利弗莫尔说：来到关键点，我只要一出手总是满载而归。于是，读者问的第一个问题是：关键点到底在哪里？走势图上的什么地方？想要找出关键点的位置，是因为这是一出手总是满载而归的地方。第二个问题是，要如何使用关键点技巧才能满载而归。

问题：

关键点怎么来的？是观察来的，还是计算出来的？关键点有简单的，也有复杂的吗？

利弗莫尔说：直到我结合时间因素与价格走势之后，我的记录才开始对我说话！从那时起，我已经多次改进自己的计算方法。根据他的说法，显然关键点是靠计算得到，但仍须靠观察调整价格。例如手稿中，运用姊妹股操盘法调整关键点价格，运用美国钢铁与伯利恒钢铁的均价来调整。除此之外，也可能因为计算出的关键点价格接近整数关卡，就调整至整数的位置。以上谈的是反转关键点。

关键点有三种：反转关键点、持续关键点，及整数关键点。整数关键点是简单的，较容易找到，其次是持续关键点。反转关键点最难，因为那是一出手总是满载而归的地方。

结论：

要运用关键点技巧的第一步就是要找出关键点价格的位置。要如何找到比较正确的关键点价格？简单的，包括：波段高低拐点，整数关卡，主要支撑与压力点。复杂的，持续关键点是依原趋势方向进行时产生，有两种：上涨时，一种是突破波段高点，整数关卡，主要压力点达 3 点时；另一种是上涨趋势回调时，见到低点之后，自低点往上算 3 点。反转关键点则是在下跌波段的低点向上达 6 点时。这里所谓的 3 点与 6 点，请参考本章的案例，以及最后面的手稿与规则。这个 3 点与 6 点，是虚数，并不是完全正确的数字，例如股价 100 元的 3 点是 3 元，股价是 10 元的与 2000 元的 3 点就不是 3 元了。

必须把这个数字做幅度的调整，也就是 100 元的 3 点是 3%，10 元的与 2000 元的 3 点还是 3%。这个 3 点与 6 点还需要配合个股的股性以及当时的大盘波动度做调整。关键点本身没有精准度，需要靠技巧来辨识与调整。故找到关键点与运用关键点技巧，后者比较困难与重要。

关键点要如何调整呢？想一想手稿里面数字下的划线与跳行位置，就是关键点吗？利弗莫尔是在这些位置下单的吗？若不是，那关键点是要用来做什么呢？或者是，就像均线的运用，跌破均线时，多单就要止损。请问，均线是您操作的位置吗？不是的，那是一个观盘的重要位置，真正的重点在跌破均线之后有无新低。若有新低就必须止损卖出。所以，利弗莫尔的 6 点或 3 点，就是趋势产生变化的起动点，它就像需要给均线再多一点点斡旋的空间。

关键点有简单的，如操盘术书中所讲的，整数关卡，每档股票都有，这是基本要学会的地方。突破新高或新低的关键点，这是简单的技巧。那些比较复杂的关键点，需要由主观的判断来调整，例如就像姊妹股操盘，利用两个相关联的股票来找关键点。同理，也可以运用大盘与个股的关系来调整关键点。要如何知道这些调整的方式呢？笔者在课程里会把规则告诉您，到时您就可以自己调整关键点了。

重磅议题 5-3 运用关键点技巧打从一开始就赚钱
内容：

学习利弗莫尔操盘术的人听到，来到关键点只要一出手总是满载而归，以及关键点技巧就是打从一开始就赚钱的操盘术时，都会问，我要如何找到关键点，以及运用关键点操盘。找到关键点，已在重磅议题 5-1 中做说明，现在要来谈正确使用关键点操盘的技巧。

问题：

利用关键点来操盘，什么情况下会成功？什么情况会失败？

既然关键点操盘术就是打从一开始就赚钱，以及一出手总是满载而归，显然地，关键点操盘应该是很困难的。关键点操盘有四个困难：（1）辨识找对关键点不容易。（2）关键点出手的时点是非常短暂的，掌握下单时点不容易。（3）来到关键点时真假突破难辨。（4）反转关键点可能会变成持续关键点，持续关键点也可能会变成反转关键点。

当以上四个重点都能掌握时，利用关键点来操盘就会成功，只要稍有闪失就会失败，重点在于如何克服这四个重点。

结论：

关键点出手的时点是非常短暂，在关键点出现之前，要执行场外缩手不动。在正确关键点进场之后，若是已经正确了，再接着就是要执行场内缩手不动。在关键点成立之前就买进股票，操之过急是很危险的，因为股票没有办法形成适当的关键点，并明确地走出它的方向。但若买进价位比关键点高5%或10%，那么就可能太迟了，会因为走势已经展开而丧失了优势。

除了掌握准确的关键点的时机之外，也必须能立即辨识出假突破危险信号产生的时机，一个突破失败的关键点，并不代表操作会失败，因为反转关键点可能会变成持续关键点，持续关键点也可能会变成反转关键点，所以利弗莫尔说：我二话不说，立即卖掉并放空。关键点技巧能够运用在股票、期权、商品、外汇，甚至于基金。运用关键点技巧时，有一个重要的提醒，您无法靠别人找出来的关键点交易成功，而是必须靠自己亲力亲为做好记录，并依照自己的方法执行关键点操盘术，才能长期地持续赚钱。好好学会关键点操盘术必然能带来丰盛的获利。

下面我们进入《股票大作手操盘术》第五章正文。

无论何时，只要耐心等待市场来到我所谓的"关键点"后才出手交易，我总是能赚到钱。

为什么呢？

因为我就是在行情开始启动的关键时刻进场交易的。我从来没有担心过亏损，原因很简单，我在指标发出信号时立即采取行动，并且开始建立仓位。之后，唯一要做的是静观其变，让市场自行发展。我知道，只要耐心等待、静观其变，市场也会在适当的时候发出信号，告诉我该获利出场了。任何时候，只要我有勇气和耐心等待信号，就能按部就班如愿以偿。我的经验证明，如果没在行情开始启动之时进场，我不可能得到太大的获利。原因是，如果没有及时进场，就会丧失一大段利润，而这利润是我有勇气和耐心持有整个波段所不可或缺的——在行情结束之前，市场总是不时地出现轻微的上下震荡，而这利润正是我不为所动、顺利通过的可靠保障。

齐克用注解：

如何进场布局？如何管理好仓位呢？利弗莫尔谈到运用关键点操盘术就能做到。

关键点获利的交易规则＝行情启动信号出现→具备立即进场的勇气→专注观盘与耐心等待。

关键点失败的交易规则＝行情启动信号出现→产生犹豫不决且无法立刻进场→失去耐得住震的靠山→丧失安全边际。

正如市场及时发出明确的进场信号一样，只要您有足够的耐心等待，市场也会告诉您何时退出。"罗马不是一天造成的"，任何重大的趋势不会在一天或一周内结束，它需要一定的时间才能完成整个过程。然而，大部分的市场变动都发生在整个过程的最后 48 小时，这是最重要的时刻，也就是说，在这段时间您一定要在场内并持有仓位。

齐克用注解：

为何在关键点出手会赚得到钱呢？

（1）一旦关键点出现，它反映的是一个新趋势，行情不会在一天就结束的，它是有时间延续性的。所以只要您能在行情启动时就介入，就有足够长的时间，让利润自行长大。

（2）关键点出现时，行情总是来得又快又急。

（3）运用持续关键点、反转关键点决定出场或续抱的决策。

（4）图档案例，在下面的案例中说明。

举例来说（如图 5-1）：某只股票处于下跌趋势中已相当长一段时间，并且来到 40 美元的低点。随后，它在几天内快速反弹至 45 美元。接下来的一周，它在上下几个点的区间震荡，然后开始扩大涨幅来到 49.5 美元。随后几天，市场变得沉闷且不活跃。终于有一天，它再次活跃起来，首先下跌了 3 至 4 个点，然后继续下跌，直到接近其关键点 40 美元。此时正是应该仔细观察市场的时候了：

（1）若要继续下跌，则会跌破 40 元之后到达 37 元，下跌多达 3 元甚至更多。

（2）若它没跌破 40 元，应在低点算起反弹 3 元以上立即买进。

（3）若 40 元跌破了，但跌幅未达 3 元，则在股价弹升至 43 元时买进。

不管（2）（3）两种哪一种情况，它们的出现，标示着一个新趋势的开始，这一段新趋势会出现正面的获利，会持续上涨，并超越关键点 49 美元达 3 元以上。这里用的 3 元，约略指 7%，后面案例将以此为准。

（4）若持续涨到关键点 49.5 美元，高出关键点 3 点或更多，这确认了新的趋势。

齐克用注解：

更多注解请参考本章导读及下列说明。

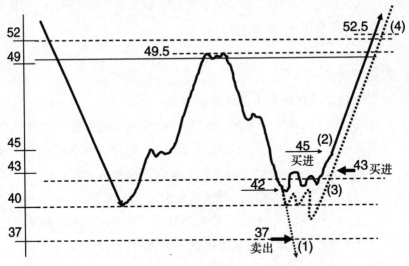

图 5-1　往下止跌后图解说明四种关键点的买卖信号

案例 5-1	往下止跌后辨识关键点与买卖时机
图 5-1	往下止跌后图解说明四种关键点的买卖信号

我之所以没有使用"牛市"或"熊市"这样的字眼来阐述市场趋势，原因在于许多人只要听到"牛市"或"熊市"，就会立即联想到市场将在很长的一段时间里按照长期趋势的方式运行。

问题是，这种明确长期的趋势并不经常发生，大约四五年才会出现一次，但在此期间还会出现许多持续时间相对较短的明确趋势。因此，我宁愿使用"上升趋势"或"下降趋势"这两个词，它们恰如其分地表达了市场在特定时间内发生的事情。此外，如果您认为市场即将进入上升趋势而买进股票，几个星期之后，经过再次研究得出结论，市场正在进入下降趋势，此时您会发现自己很容易就能接受趋势逆转的事实。

齐克用注解：

运用关键点操盘，应注意事项：

（1）研判行情时，要以向上或向下来表示，以防自己掉入长多或长空的思考陷阱里。

（2）运用于短线操盘时，敏感度更高。

（3）"牛市"或"熊市"意思隐含长期趋势，"上升趋势"或"下降趋势"则只是指趋势向上或向下。

结合时间因素与价格记录的利弗莫尔操盘术，是经过30多年潜心研究的结果，这些原则将作为我预测未来重要市场走势的基本指南。

当我初次做记录时，发现它并没有带来多大的助益。几个星期之后，我有了新的想法，它激发我重新努力。结果发现，虽然它比第一次的记录有所改进，但还是没有带来我想要的信息。我脑子里不断涌现新的想法，于是我做了一系列的记录。

齐克用注解：

关键点是通过长期记录行情、产生交易计划、看清市场短中长期趋势的架构，结合短中长期的时间因素，配合价格走势图，找到下单的关键点技巧。综上所述，关键点是如何产生的？持续记录将成就一切。

在做了很多记录之后，我逐渐地开始萌发前所未有的新想法，而我做的行情记录也渐渐浮现出越来越清晰的市场轮廓。但是，直到我结合时间因素与价格走势之后，我的记录才开始对我说话！

齐克用注解：

参考本章导读——重磅议题 5-1 结合时间因素与价格记录的关键点技巧。

此后，我都以不同的方式将每一笔记录整合在一起，而这些记录最终使我能够确定关键点的位置，并且告诉我如何利用它们在市场上获利。从那时起，我已经多次改进自己的计算方法，而今天我所采用的记录方式也能对您说话，只要您愿意听它们说。

齐克用注解：

关键点是通过计算与整合而来的。例如，手稿记录姐妹股操盘法，关键点是两只股票的加权平均。更多注解请参考本章导读，重磅议题 5-2 关键点价格是观察与计算得到的。

当投机者能够确定某只股票的关键点，并运用关键点来解释市场行为时，他就能够从一开始就建立获利的仓位。

多年前，我已经开始利用这种最简单的关键点交易法来获利。我发现，当某只股票的价格来到 50、100、200 甚至 300 美元时，一旦市场穿越这些关键点，随后几乎总是展开一段又急又陡的涨势。

我第一次尝试利用这些关键点获利的股票是安纳康达（Anaconda）。当它以 100 美元的价格卖出时，我即刻下单买进 4,000 股。直到几分钟后该股票穿越 105 美元，我下的单才完全成交。我的单子成交后，在当天它又上涨了 10 个点，第二天又出现显著的上涨。在短时间之内，它持续上涨超过了 150 美元，期间只有少数几次 7 或 8 点的正常回调，而且从来没有触及关键点 100 美元。

那时起，只要有关键点出现，我就很少错过这种大场面。当安纳康达来到 200 美元时，我成功地故技重施；当它突破 300 美元时，我再一次如法炮制。但是这一次它并没有真正的有效跨越关键点，只来到 302.75 美元。显然市场正在发出危险信号，于是我卖出手中的 8,000 股。很幸运地，其中 5,000 股卖在 300 美元，1,500 股卖在 299 美元。这 6,500 股是在不到 2 分钟的时间内成交的。但是，我又多花了 25 分钟的时间，把剩余的 1,500 股以一笔 100 股或 200 股分批卖出，成交价则来到了 298 美元，这也是该股票当天的收盘价。我有信心，如果股价跌破 300 美元，它就会快速下跌。第二天早晨，市场上掀起了一阵骚动。安纳康达在伦敦市场一路下跌，纽约市场开盘就大幅下跌，才几天的时间，它就跌到了 225 美元。

齐克用注解：

　　更多注解请参考本章导读及下列说明。

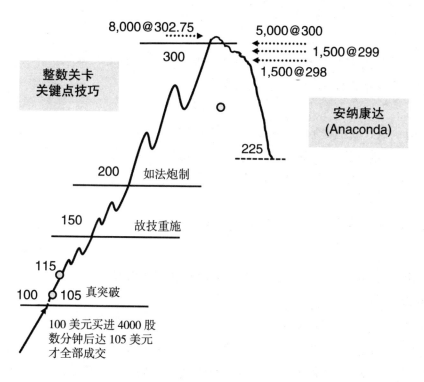

图 5-2　安纳康达整数关键点实战案例图解

案例 5-2	第一次运用整数关键点实战安纳康达案例
图 5-2	安纳康达整数关键点实战案例图解

使用关键点来预测市场走势时，必须牢记一点：如果该股票在穿越关键点之后没有展现其应有的表现，这就是一个必须注意的危险信号。

如上述事件所示，安纳康达越过 300 美元之后的表现与越过 100 美元及 200 美元之后的表现截然不同。前面的两次中，当市场越过关键点之后，都出现非常快速的上涨，且涨幅至少有 10 到 15 个点。但这一次，该股票不但没有出现难买的现象，市场上反而充斥着大量的供给，而如此大量的供给，股票根本无法继续上涨。因此，该股票在 300 美元稍上方的走势清楚地表明，继续持有这只股票是危险的。它清楚地显示，股票穿越关键点后通常会发生的情况这次不会发生。

齐克用注解：

整数关卡的关键点，是通过观察价格越过关键点的表现，来研判是持续关键点，还是反转关键点。

还有一次，我记得那时我等了 3 个星期才出手买进伯利恒钢铁。1915 年 4 月 7 日，它创下历史新高价 87.75 美元。我知道，当股价越过关键点后将快速上涨，而且我有信心，伯利恒钢铁将突破 100 美元。于是，4 月 8 日我下了第一张买单，打算从 99 到 99.75 美元逐步累积筹码。同一天，该股票上涨到 117 美元的高点。之后，它毫不停顿地一路上涨，期间只有微幅的正常回调，直到 4 月 13 日，也就是 5 天后，它来到 155 美元的高点，涨势令人叹为观止。这再次说明，那些耐心等待关键点出现并利用关键点交易的人，一定能获得丰厚的报酬。

伯利恒的故事还没有讲完。我在 200、300 和令人头晕目眩的高点 400 美元，都用同样的手法操作，但我终究没有做完整个波段，因为我已经预料到熊市会发生什么，而当时股票在下跌过程中跌破了关键点。我知道，最重要的事就是密切观察股票越过关键点后的后续发展。我发现，如果某只股票越过关键点后缺乏持续上涨的力量，则市场很容易掉头转向，此时应当机立断，出清仓位。

齐克用注解：

更多注解请参考本章导读及下列说明。

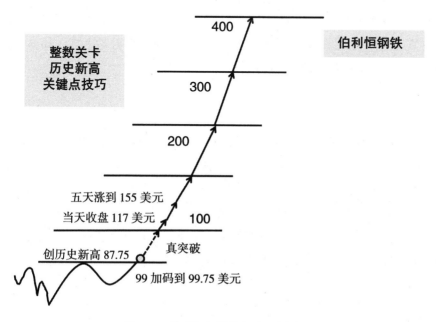

图 5-3　伯利恒钢铁整数关键点实战案例图解

案例 5-3	运用整数关键点实战伯利恒钢铁案例
图 5-3	伯利恒钢铁整数关键点实战案例图解

顺便一提，每次只要我失去耐心，未能等待关键点出现就进场，而企图快速获利的结果，总是落得赔钱收场。

齐克用注解：

以上说明的关键点是整数关卡关键点，通过观察价格越过关键点的表现，来研判是持续关键点，还是反转关键点。

那个时候，由于市场上出现了高价股分割的风潮，因此我上面讲的那些机会就不经常出现了。尽管如此，我们还是可以利用其他方式来确认关键点。例如，有一只最近两三年上市的新股，最高价为 20 美元，而这个价格是两三年前创下的。如果这时发生对公司有利的事情，而且股票开始上涨，那么在它突破高价时，买进该股通常是十分安全的。

齐克用注解：

这里说的关键点重点是，关键点并非一成不变的，经常因为股票不同、时代不同，而必须找寻其他的方法来操作。

此外，一只股票上市时可能以 50、60 或 70 美元的价格开盘，随后下跌了 20 点左右，此后在其最高点和最低点之间徘徊了 1 年或 2 年。那么，如果它的价格跌破先前的低点，则该股票可能会大幅下跌。为什么？因为该公司内部一定出了问题。

齐克用注解：

这里的关键点是指当股价在某一区间整理了很久，一旦跌破低点之后，后面的跌幅会扩大。坏消息会跟随股价暴跌之后而出现，因而这是放空的好标的。

通过记录股价，并考虑时间因素，您就能够找到许多关键点，那里是您能参与市场快速移动的地方。但是，您要充分认识到运用关键点交易是需要耐心的。您必须亲力亲为做记录、投入时间研究并标记关键点的价格。

您会发现，研究关键点的过程就像挖掘金矿，几乎令人难以置信的迷人，而您将从自己判断的成功交易中获得一种独特的乐趣和满足感。听信明牌或高人指点或许也能获得利润，但您会发现，凭借一己之力获得的利润更能带来巨大的成就感。如果您自己发掘机会，按自己的方式交易，耐心等待，密切注意危险信号，您就能养成正确的思维。

在本书最后几章中，我将详细解说，我是如何结合利弗莫尔市场法则来找出较复杂的关键点的方法。

齐克用注解：

　　利弗莫尔自己�... 稿中的关键点，是运用"较复杂"的规则找出来的。

很少有人能够根据偶尔的内幕消息或他人建议而获利的。许多人乞求内幕消息，但他们并不知道如何使用。

有一天我出席一个晚宴，一位女士不断地纠缠我，要我给她报明牌。我一时心软，告诉她买进一些塞罗德帕斯科（Cerro de Pasco），这只股票当天向上穿越了关键点。从第二天早上开盘，这只股票在接下来的一周总共上涨了15点，期间只有一些微不足道的回调。随后，该股票出现了危险信号。我突然想起了那位女士，赶紧要我太太打电话叫她卖掉。没想到她还没有买进那只股票，因为她想先看看我的信息是不是准确。从这里看来，对于傻瓜来说，小道消息是如此不确定。

齐克用注解：

　　随意打探而来的明牌，即便是突破关键点暴涨，也因为不是自己亲力亲为找来的，就算是暴涨也不会有信心买进的。

商品交易经常出现有吸引力的关键点。可可豆是纽约可可交易所的交易商品，长久以来这商品都不具有投机诱因。然而，如果您把投机视为事业，自然就会关注所有市场以寻求大好机会。

1934年，12月份可可豆期权的最高价6.23美元出现在2月，最低价4.28美元出现在10月。1935年的最高价5.74美元出现在2月，最低价4.54美元出现在6月。1936年最低价5.13美元出现在3月，但在那年8月，由于某种原因，可可市场变成了另一副模样，市场开始剧烈地波动。当可可豆的成交价来到 6.88 美元时，这一价位远高于前两年的最高价，也高于前面最近的两个关键点。

当年 9 月，可可豆创下了 7.51 美元的高价；10 月最高价 8.70 美元；11 月最高价 10.8 美元；12 月米到丁 11.4 美元；1937 年 1 月创下了历史新高 12.86 美元，在 5 个月内上涨了 600 点，期间只有一些微幅的正常回调。

齐克用注解：

更多注解请参考本章导读及下列说明。

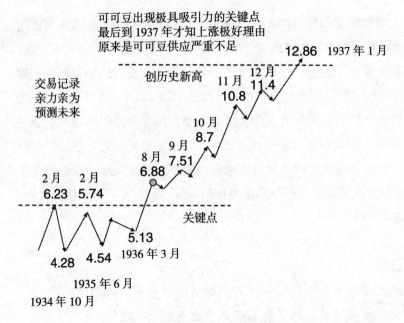

图 5-4　记录可可豆突破一年半高点关键点图例

案例 5-4	可可豆突破长期关键点预告长波段趋势
图 5-4	记录可可豆突破一年半高点关键点图例

多年来，可可市场一直只有一般幅度的波动，这次急速上涨显然有十足充分的理由。原因是可可豆的供给出现了严重短缺，而那些密切关注关键点的人在可可市场找到了一个绝佳机会。

齐克用注解:

　　商品走势的关键点一样适用。当您学会找寻关键点的技巧时，任何投资市场都能适用，且能够赚到钱。

　　当您亲手做记录，并且仔细观察不同价格的形态时，您的价格记录就会开始对您说话。您会在突然之间意识到，您所记录的资料正在形成某种特定形态。它正力求清晰地揭示正在逐步形成的市场局势。它建议您回顾一下您的记录，看看过去在类似条件下市场最终出现了什么样的重大走势。它告诉您，凭着缜密的分析和良好的判断，您就能形成自己的看法。价格形态提醒您，每一次重大的市场变动都只是历史重演，只要熟悉过去的走势，您就能够正确预测和应对即将到来的变动，并从中获利。

齐克用注解:

　　参考本章导读——重磅议题5-3运用关键点技巧打从一开始就赚钱。

　　我要强调一个事实，我不认为这些记录是完美的，不过它们对我的帮助是无可替代的。我清楚地知道，这些记录就是预测未来的基础，任何人只要愿意研究这些记录并亲手维护，他们在操作过程中就不可能不获利。

齐克用注解:

　　关键点技巧必须亲力亲为，您就能找出适合自己操作的关键点。针对利弗莫尔的关键点技巧，您可以改进或调整成方便自己使用的方法。

　　如果将来有人采用我做记录的方法从市场上获得比我更多的利润，我一点都不会感到惊讶。这句话是基于这样一个前提：尽管我是在一段时间之前通过分析行情记录而得出自己的结论，但现在那些开始应用这一方法的人，可能很容易就会发现我遗漏的新价值点。说得更明白一点，我并没有进一步寻找新的观点，因为从我过去一段时间的应用经验来看，现有的这些已经完全满足了我个人的需求。然而，其他人或许可以从这个基本方法中发展出新的想法，然后应用这些想法，从而提升这些基本方法的价值。

如果他们能够做到这一点，我可以肯定地告诉您，我是不会嫉妒他们的成功的！

第六章 棉花操盘失败赔钱案例

导　读

主题

- 交易原理的通则
- 不要把所有仓位建立在同一价位
- 选股后再择时
- 交易记录
- 棉花交易选股正确择时错误
- 失去耐心的代价
- 情绪管理
- 关键点

- 犯错赔钱止损
- 危险信号
- 将全部的时间用于投机
- 内幕消息
- 内部人轻易告诉您何时买进
- 内部人不能告诉您何时卖出
- 提防所有内幕消息

微信扫码观看第六章解说视频

操盘心法

从人性的角度来看，投资人的买卖时机是根据什么而来？您会发现一般人通常是通过经纪商会的推荐，听市场专家讲多空看法之后就进场操作，听明牌，听小道消息，依据大涨大跌等理由来下单买卖。

比较内行的老手，则是根据自己长期在市场上观察的价格变化、基本行情，形成一些潜意识或主观看法，依据自己的看法下单买卖。这两者之间的差别在于通过自己研究得到的结论，操作起来比较有信心，遇到状况时也会知道如何应对。

因此如果当下单的依据与时机错了的时候，若是下单的策略规划错了，即便如利弗莫尔这样的高手，也无法逃过因人性问题所犯下的错误，进而惨遭市场修理。利弗莫尔从以下八个重点，仔细剖析获利的细节与其操盘思维。

（1）全部下注，一次到位，是危险的做法。

（2）做多越买越高，做空越空越低。

（3）出手做第一笔交易的时机。

（4）来到关键点就进场，加上止损点策略。

（5）耐心等待交易时机是重要的。

（6）赔钱就是错的。

（7）潜意识的警告，是间接的危险信号。

（8）认真对待投机这件事。

操盘案例

本章有 3 个案例：

案例 6-1　顺势加码操作是交易原理的通则

案例 6-2　未依循基本原理的操盘案例

案例 6-3　外部人按收消息操盘赔钱的案例

操盘图例

本章有 3 个图例。

图 6-1　依循分批买进的交易原则操盘

图 6-2　棉花走势图及操盘失败案例

图 6-3　内部人、外部人与股价走势循环周期

操盘逻辑

利弗莫尔说：根据我的习惯做法，首先要评估某只股票未来的潜力，然后确定什么价位可以进场。依据他的做法，选股进场程序依序说明如下：

（1）先评估股票的未来潜力，列为追踪股。

（2）记录行情，研究这几个星期的价格变动，找出关键点与下单时机。

（3）当股票来到关键点，记得观察股价穿越关键点的表现，借以判断行情是否发动了。

（4）依据关键点技巧，拿出勇气做第一笔交易。

（5）设定止损点。

（6）静待市场表现。若错了就止损，对了就找持续关键点再加码。

重点摘要

1. 全部下注，一次到位，是危险的做法

★太多的投机者冲动地买进或卖出股票，几乎把所有的仓位都建立在同一个价位上。这样的做法非但错误，而且十分危险。

2. 做多越买越高，做空越空越低，才是对的交易原则

★若您想买进某只股票500股。您第一笔先买进100股。如果市场上涨了，再买进第二笔100股，以此类推。但是，后续买进的价格一定要比前一笔更高。同样的原则也适用于放空。除非价格低于前一笔，否则绝对不要再卖出下一笔。如果遵循这原则，与采用任何其他方法相比，您会更接近市场正确的一边。原因在于，这样做将使您所有的交易自始至终都是获利的，而您的交易显示获利的事实证明您是对的。

3. 出手做第一笔交易的时机

★首先要评估某只股票未来的潜力。接下来，您要确定什么价位可以进场，这是最重要的一步。然后，研究您的价格记录，并仔细研究过去几个星期的价格变动。当您所选的股票来到您之前决定的进场点时，代表它是真的要发动了，这正是您出手做第一笔交易的时候了。

4. 来到关键点就进场，加上止损点策略

★当交易完成后，您要确定万一判断错误时，您愿意承担多大的风险。如果根据这一理论操作，也许会有一两次是亏损的。但是，如果您始终如一地坚持，只要来到关键点就再次进场，那么一旦真正的行情发动时，您已经在场内了，而且绝不会错过赚钱的机会。

★一旦意识到自己犯错，就应该马上出场，承担损失，尽量保持微笑，研究记录找出错误的原因，然后等待下一个大好机会。

5. 耐心等待交易时机是重要的

★谨慎选择时机是至关重要的，操之过急则代价惨重。

★许多年前，我非常看好棉花。心中已有明确的想法，认为棉花即将大幅上涨。但是，就像经常发生的那样，市场还没有要开始上涨的迹象。然而，我刚得出结论，就急急忙忙地一头栽进棉花市场。这个代价高昂的操作我竟然在六周内重复了五次，每次操作的损失都在 25,000 至 30,000 美元之间。我对自己感到厌恶。我付出了将近 200,000 美元，甚至没有一丝丝满足感。于是，我令我的经纪人，让他在第二天我进办公室之前撤掉棉花行情报价机。我不想再看棉花行情了，它让我非常沮丧，而这样的情绪不利于投机领域始终需要的清晰思考。就在我移走行情报价机，并对棉花完全失去兴趣的两天后，市场开始上涨了，而且一路上涨狂喷 500 点。在这异乎寻常的上涨中，仅出现过一次幅度高达 40 点的回调。就这样，我失去了一次最有吸引力且最好的交易机会。归根结底，有两个原因：首先，我没有耐心等待心理时刻的到来，我光看价格就决定开始操作。其次，仅仅因为自己判断错误，就纵容自己动怒，而对棉花市场感到厌恶，这样的情绪不符合稳健的投机原则。我的损失，完全来自缺乏耐心所造成的，我应该耐心地等待到适当的时机，来支持原先的想法和计划。

6. 赔钱就是错的

★犯了错，不要找借口，这是所有人都应该牢记的。承认自己的错，并从中汲取教训。当我们犯错时，我们全都心里有数，而投机者犯错，市场就会即刻告诉他，因为他正在赔钱。

7. 潜意识的警告，就是间接的危险信号

★在市场告诉您犯错之前，就知道自己的错误感觉会及时出现，它是一种潜意识的警告，来自投机者对市场过去表现的了解。这种潜意识有时是制定交易原则的根据。

★当市场上一切都充满希望时，其内心却有一种奇怪的感觉，不时地发出危险信号。事实上，这是他们对市场的长期研究和历练而发展出来的一种特殊感觉。

★我总是怀疑这种发自内心的警告，我宁愿采用客观的科学原则。但事实是，我多次留意自己极度不安的感觉而获益良多。

★这种微妙与间接的交易信号很有意思，因为这种前方危险的感觉似乎

只有那些对市场行为敏感，同时以科学方法来判断价格变动的人，才能感受得到。对于一般投机者来说，看多或看空的感觉，只不过是基于无意中听到的消息，或是一些已发表的评论。

8.认真对待投机这件事

★在所有市场上投机的数百万人中，只有少数人将全部的时间用于投机。对绝大多数人来说，投机只不过是碰运气，而且代价高昂。

★那些精明的生意人、专业人士和退休人士，他们也将投机视为副业，而不肯多费心思。如果不是某个经纪人或客户提供诱人的内幕消息，他们绝大多数人都不会买卖股票。

★对于一般投机者来说，看多或看空的感觉，只不过是基于无意中听到的消息，或是一些已发表的评论。

★我们经常听到某某人开始交易股票，因为他从某家大企业的内部人士那里得到了可靠的内幕消息。

★"提防内幕消息，而且是所有的内幕消息。"

重磅议题

重磅议题 6-1 跟市场站在同一边的技巧
内容：

利弗莫尔被称为棒槌小子，意指专门打压股市，但他说："市场不是被我打下来的，而我只不过是跟市场站同一边。因为跟市场站在同一边，就总是能赚到钱。"因此，跟市场站同一边，就是交易原理的通则。

问题：

投资人听到跟市场站在同一边，就总是能赚到钱后就想问，市场每日千变万化，所有的利多利空因子，都会反映在股价上，因而要时时刻刻都跟市场站同一边，岂不是太难了？要怎么做，才能跟市场站在同一边呢？

结论：

利弗莫尔在六栏记录里说明了，投资人应如何时时刻刻都跟市场站在同一边，这包括了忽略细微波与专注于主趋势。抓住主趋势，就是跟市场站在同一边。那么，该怎么做才算是跟市场站在同一边呢？下面三种情况说明：

1. 以价格来拟定操作策略："客观方式"

●分批买进，且后续买进的价格一定要比前一笔更高。（放空时亦同）。

●当跟市场站在同一边时，价格就是证明您是对的信号。这时已获利的仓位，足以让您禁得起市场震荡。这就是赚钱时才可以再加码的理由。但如果赔钱了，那就不能再加码。为什么？赔钱时就不能再扩大仓位，因为如此一来做错就只会赔一点点。也就是说，当您做错赔钱时，就必须执行"不如预期时"的处理准则。

●运用本章谈到的选股进场流程。

●谨慎选择交易时机是至关重要的原则，操之过急则代价惨重。

●要把投资当事业来经营，要花时间研究。

2. 以"直觉反应"来处理进出场："主观方式"

●当市场上的一切都充满希望时，内心却有一种奇怪的感觉，不时地发出危险信号。事实上，这是操盘手对市场的长期研究和历练而发展出来的一种特殊感觉。

●随时注意出场的最佳时机。

3. 要提防破坏客观与主观判断的所有行为

●提防所有的内幕消息。

●交易时机靠自己观察，而不是靠内部人给的消息或经纪人提供内幕消息。

●不要跟股票谈恋爱。

●杜绝妄想快速致富。

重磅议题 6-2 从棉花交易探讨正确与错误的做法
内容：

利弗莫尔在棉花交易案例中，分享了他的实战经验。即便是"预测正确、策略正确，但下单位置不对，除了赔钱收场之外，还少赚了百万美元"。这里要用案例来说明：棉花交易选股正确，但择时却错误。失去耐心的代价。情绪管理。关键点。犯错赔钱止损。

问题：

每次的交易过程，总是隐藏的许许多多的正确与错误。正确的做法是，遇到不对的行情，会将自己的情绪搞得乱糟糟。错误的做法，也可能靠运气，扳回失土。行情没有走完之前，还没出场之前，谁也不能肯定说清楚哪些是对的，哪些是错误的。唯有仔细再仔细，配合当下的行情，才能正确地抓出藏在细节里的魔鬼。棉花交易案例中，有哪些做法是正确的？哪些做法是错误造成会赔钱的？

结论：

有关棉花交易案例，归纳总结如下：

探讨项目	正确做法	错误做法
1.预测行情与交易计划	★做交易之前，对标的已先研究过，不是盲目的。 ★已看好哪里该止损，并盘算要采用时间止损、价格止损、不如预期的止损等方式。	★执行交易计划时，未依技术分析里的关键点技巧。 ★虽看到即将发动的涨势，但关键点尚未发挥效用，便急于进场。
2.面对市场波动	★设好止损点，有机会就进场。如市场涨势真的发动了，您已在场内。	★六周内止损五次，偏见过重，以至于未能看清行情尚未启动。
3.下单技巧与观盘重点	★观察到是自己的单子推升价格，但市场没有买盘跟进。	★以自己的偏见操盘，而非根据最小阻力线操作。
4.资金管理	★先少量买进，没有马上赚钱，就不能再买。 ★不如预期时，止损出场，少亏为赢。	★没有突破最小阻力线，就不能动用资金进场。
5.情绪管理	★要耐住性子，等待突破最小阻力线，再行进场。	★缺乏耐心等到关键点启动。 ★短期内止损太多次，影响操盘情绪。

重磅议题6-3 内部人提供买进点却不给卖出点

内容：

一般投资人进入股市后，总是希望内部人提供买进时机。于是在报纸杂志中寻找蛛丝马迹，希望得知买进的内幕消息。不负众望，果然经常能找到这类消息。买进后确实上涨，但在没卖出兑现前，却出现了持续性的下跌，再也找不到卖出的消息了。直到惨跌惨赔后，才见到利空，不卖会赔更惨。这其中的道理是有合理的逻辑的。

问题：

内部人为何只能报给您买进的地方，却无法给您卖出的地方？有关于这个问题，一般人能想到的答案是"他要倒货，当然不能讲"。但是您必须了解这其中的道理，才能避开陷阱，甚至运用这条道理从中赚到钱。

结论：

内部人容许您在他买了之后，您也跟着进来，大家一起来把价格炒高。但不容许在他要卖的时候，您竟然卖得比他更快。也就是说，他买您也买，价格当然涨，在上涨过程中，您的加入，对他来讲是有利的。当价格是往上涨的时候，对于您的加入，他的仓位是愈涨愈有利。反过来看，现在来到要卖的时候，如果您跟他站在同一边，都认为这里是该卖的时候，那他卖的价格当然就没有办法卖高了，因为您要卖这件事对他来讲是不利的。操作大资金仓位的人，首重股票的流动性问题。所以凡是会影响他出货的流动性问题，都会小心避免的。

综上所述，您就明白为什么小道消息谣传会涨，它真的有可能会涨，但是当股价下跌的时候，他们不但不会告诉您，甚至还会说谎，尤其是内部人还会说，公司业绩其实是很好的，是因为有人刻意打压，等获利了结的卖压过了，股价就会再次上涨。

我们从这里得到了一个底部区与头部区操盘的逻辑。内部人的操作逻辑如下：

（1）当内部人想要在底部区买进更多股票时，您经常会听到很多属于该股不利的消息，进而不知不觉地受其影响，把手中的股票埋在最低档区。

（2）当内部人都在底部区买好了，当上涨趋势被引发时，三不五时您会听到有关该股的利多消息，外部人如果能成为上涨过程中的买盘，跟内部人站在同一边，对内部人是有利的。由于外部人的参与，使得该股的市场状况更活络。

（3）当该股是往下跌的时候，如果内部人要卖，而外部人这时也跟他站在同一边，这样的话，在大家都在卖的情况下，这对内部人是不利的。内部人这时候如果想要将所有的仓位顺利的卖在高档区，通常会想办法释放一些理由说明股价修正的原因，让您感觉股票并没有什么不对劲，您就会忽略价格正在跌的这件事，错把耐心用在这个位置上，又或者释放一些将来会更好的希望给您，如此一来您不仅不会出场，甚至还可能做出趁回调再加码一点的错误行为。总之当内部人要出货时，您也经常会听到利多消息，或者要您不用太在意这种因涨多了之后，股价一定会进行修正之自然现象，他们告诉您这是健康的换手行为，对股票将来要再大涨一波是有利的。

下面我们进入《股票大作手操盘术》第六章正文。

接下来几章我将制定交易原理的通则。稍后我会具体说明我的交易规则，结合时间因素和价格的交易规则。

齐克用注解：

　　这里说的"结合时间因素和价格的交易规则"，就是本书中第八、九、十章的交易规则。

因为有一些交易原则使得太多的投机者冲动地买进或卖出股票，几乎把所有的仓位都建立在同一个价位上。这样的做法不但是错误的，而且是十分危险的。

假设您想买进某只股票 500 股，您第一笔先买进 100 股。如果市场上涨了，再买进第二笔 100 股，以此类推。但是，后续买进的价格一定要比前一笔来得高。

同样的原则也适用于放空。除非价格低于前一笔，否则绝对不要再卖出下一笔。如果遵循这一原则，与采用任何其他方法相比，您会更接近市场正确的一边。原因在于，您在这样的状况之下操作，所有的交易自始至终都是获利的。获利事实的结果是，证明您是对的。

齐克用注解：

有关于操盘过程中的错误与正确做法，说明如下：

（1）错误做法。把仓位建立在同一个价位上。这是指在同一个"时间"点进场，买在同一个"价格"上面。

（2）正确做法。第一笔单子买进之后，价格往上推升，即表示您做对了，当第一笔单子已是赚钱时，才可以再下第二笔单买进。运用此法则，买进的价格与时间，就都对了。

参考本章导读——重磅议题6-1跟市场站在同一边的技巧。

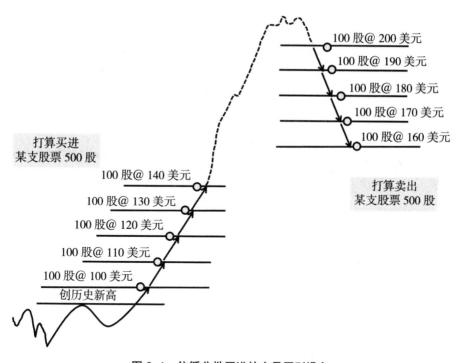

图6-1　依循分批买进的交易原则操盘

案例 6-1	顺势加码操作是交易原理的通则
图 6-1	依循分批买进的交易原则操盘

根据我的习惯做法，您首先要评估某只股票未来的潜力。接下来，您要确定什么价位可以进场，这是最重要的一步。然后，研究您的价格记录，并仔细研究过去几个星期的价格变动。当选择的股票来到决定的进场点时，代表它真的要发动了，这正是出手做第一笔交易的时候了。

齐克用注解：

这里谈习惯做法，是指交易计划。交易记录包括了下单之前的交易计划。

当交易完成后，要确定万一判断错误时，愿意承担多大的风险。如果根据这个理论来操作，总有一两次是会亏损的。但是，如果始终如一地坚持，只要来到关键点就再次进场，那么一旦真正的行情发动时，您已经在场内了，而且绝不会错过赚钱的机会。

齐克用注解：

赔小赚大，才是长期持续赚钱的根基。

然而，谨慎选择时机是至关重要的，操之过急则代价惨重。

现在我要告诉您，我是如何没有耐心等待交易时机，而错失了赚取百万美元利润的事情。每当我提到这件事时，总是感到无地自容。

许多年前，我非常看好棉花。心中已有明确的想法，认为棉花即将大幅上涨。但是，就像过去经常发生的状况，虽然市场还没出现上涨的迹象，我却从刚得出的结论中，就急急忙忙地一头栽进了棉花市场。

我的第一笔交易是以市价买进 20,000 包棉花。这笔买单使原本沉闷的市场一下子推升了 15 个点。然后，就在我的最后一笔 100 包成交后，市场开始下滑，价格在 24 小时内又回到了我当初进场的原点。之后，棉花毫无动静地沉睡了好几天，我感到厌烦，于是卖光了所有的仓位，包括佣金在内，损失了大约 30,000 美元。不用说，卖出最后的 100 包棉花是在回调时的最低价成交的。

几天之后，该市场又再次吸引了我。它在我脑海中挥之不去，我也没有改变看好棉花即将大涨的信念。于是，我再次买进 20,000 包棉花。同样的事情再度发生了。我的买单导致价格向上跳涨，之后又砰的一声跌回原点。等待让我厌烦，于是我再次出清仓位，而最后一笔再次卖在最低点。

这个代价高昂的操作我竟然在六周内重复了五次，每次操作的损失都在 25,000 至 30,000 美元之间。我对自己感到厌恶。我付出了将近 200,000 美元，甚至没有一丝丝满足感。于是，我命令经纪人在第二天我进办公室之前，撤掉棉花行情的报价机。我不想再看棉花行情了，它让我非常沮丧，而这样的情绪不利于始终需要清晰思考的投机行业。

接下来发生了什么事？就在我移开行情报价机，并对棉花完全失去兴趣的两天后，市场开始上涨了，而且一路上涨狂喷 500 点。在这异于寻常的上涨中，仅出现过一次幅度高达 40 点的回调。

就这样，我失去了一次最具吸引力且最好的交易机会。归根结底，有两个原因。首先，我没有耐心等待心理时刻的到来，我光看价格就决定开始操作。我知道，棉花价格只要来到每磅 12.50 美分，它就会继续往上涨。但是，我没有等待的意志力，我想在棉花到达买进点之前，抢先额外多赚一些钱，于是在市场时机成熟之前采取了行动。结果，我不仅损失了将近 20 万美元，还错过了 100 万美元的获利机会。根据我原先的计划，我打算在市场越过关键点之后分批买进 10 万包。如果我按计划行事，就不可能错过这波涨势中 200 点或更多的利润了。

齐克用注解：

更多注解请参考本章导读及下列说明。

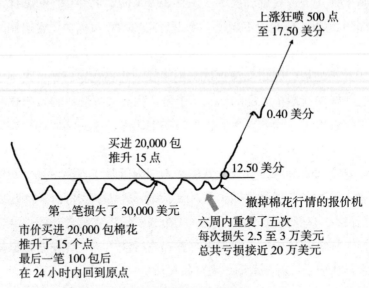

上涨狂喷 500 点
至 17.50 美分

0.40 美分

买进 20,000 包
推升 15 点

12.50 美分

撤掉棉花行情的报价机

第一笔损失了 30,000 美元

市价买进 20,000 包棉花
推升了 15 个点
最后一笔 100 包后
在 24 小时内回到原点

六周内重复了五次
每次损失 2.5 至 3 万美元
总共亏损接近 20 万美元

图 6-2　棉花走势图及操盘失败案例

案例 6-2	未依循基本原理的操盘案例
图 6-2	棉花走势图及操盘失败案例

其次，仅仅因为自己判断错误，就纵容自己动怒而对棉花市场感到厌恶，这样的情绪不符合稳健的投机原则。我的损失完全是缺乏耐心造成的，我应该耐心等待适当的时机来支持原先的想法和计划。

犯了错，就不要找借口，这是所有人都应该牢记的。承认自己的错，并从中吸取教训。当我们犯错时，我们全都心里有数，而投机者犯错，市场就会即刻告诉他，因为他正在赔钱。一旦他意识到自己犯错，就应该马上出场，承担损失，尽量保持微笑，研究记录找出错误的原因，然后等待下一个大好机会出现。这应该就是他最感兴趣的结果。

齐克用注解：

赔钱就是错的。

这种在市场告诉您之前就知道自己犯错的感觉会及时出现，它是一种潜意识的警告，来自投机者对市场过去表现的了解。它有时候是制定交易原则的前导。接下来我将详细说明。

齐克用注解：

市场走势图上，横坐标是时间轴，纵坐标是价格轴。当您赔钱时，这是纵坐标在告诉您，该执行价格止损了。当您买进之后，价格未下跌但却保持不动，这是横坐标在告诉您，您该执行时间止损了。若是您注重操盘绩效的操盘高手，除了价格止损机制之外，还经常有时间止损机制。

参考本章导读——重磅议题6-2从棉花交易探讨正确与错误的做法。

在20世纪20年代末的大多头市场中，我经常在同一时间点拥有大量不同的股票，并且持有相当长的时间。在此期间，经常会发生自然回调，但我从来没有对自己的仓位感到不安。

然而有一天，我在市场收盘后变得心神不宁。那天夜里我辗转反侧，感觉并意识到有什么事情要发生，于是我清醒过来，并开始思考。第二天早上，我看着报纸，感到很害怕，似乎有种不祥之兆。然而事实可能正好相反，我发现一切都美好，而那些奇怪的感觉显然是毫无根据的。市场开高，表现得很完美，它正处于波段的最高点。想起自己彻夜难眠这件事，别人会因此而笑出声来，但我已经学会了抑制这种笑声。

第二天，市场情况大不相同。虽然没有灾难性的消息，但市场在朝某个方向长期波动之后，突然出现反转。那一天真的内心很不平静，我面临了大量快速清仓的压力。前一天，我本可以在极端高价的两个点之内，轻松出清所有的仓位，但今天的状况却完全不同了。

我相信，很多操盘人都有过类似的经验，当市场上一切都充满希望时，其内心却有一种奇怪的感觉，不时地发出危险信号。事实上，这是他们对市场的长期研究和历练发展出来的一种特殊感觉。

坦白说，我总是怀疑这种发自内心的警告，我宁愿采用较客观的科学原则。但事实是，我曾多次留意自己极度不安的感觉，因而获益良多。

这种微妙且间接的交易信号很有意思，因为这种就在眼前的危险感觉似乎只有那些对市场行为敏感，同时以科学方法来判断价格变动的人，才能感受得到。对于一般投机者来说，看多或看空的感觉只不过是基于无意中听到的消息，或是一些已发表的评论。

齐克用注解：

这里谈论的"奇怪的感觉"，类似于第六感。事实上，这是潜意识的反应，是长期在市场研究得来的敏感度。有些人的第六感，的确神准，但有些人的第六感，经常干扰操盘人思绪。

请记住，在所有市场上投机的数百万人中，只有少数人愿意将全部的时间用于投机。对绝大多数人来说，投机只不过是碰运气，而且代价高昂。至于那些精明的生意人、专业人士和退休人士，他们也将投机视为副业，而不肯多费心思。如果不是某个经纪人或客户提供诱人的内幕消息，他们绝大多数的人都不会买卖股票。

齐克用注解：

把投机视为事业来看待，并找出该事业的赚钱模式。

我们经常听到某一个人开始买卖股票，因为他从某家大企业的内部人士那里得到了可靠的内幕消息。现在，我就来讲一个假设的案例。

假设您在午宴或晚宴上遇见了一位某公司的内部人士。你们先聊了一会儿一般的商业话题，然后您问了一下 Great Shakes 公司的情况。——嗯，生意很好，刚刚走出谷底，未来前景一片光明。是的，该股票目前极具吸引力。

"的确，它是非常好的买进标的。"他也许是真诚地说："我们的收益将非常地好，事实上比过去几年还要更好。吉姆，肯定您还记得，上一次我们生意兴隆时股票的价格是多少。"

您心动了，迫不及待地买进这只股票。

当季报公布时，所有的报表都显示当季的业绩比上一季更好。公司宣布派发额外的股息。股票价格涨了又涨，于是您飘飘然，沉醉于纸上富贵的美梦中。然而，随着时间的推移，该公司业绩开始急剧下滑。没有人告诉您这个事实，您只知道股价暴跌，于是赶紧打电话给您的那位朋友。

"是的，"他会说："股票已经下跌了不少，但这只是暂时的。我们的营业额是有些下滑，而看空的人听到这消息就大举放空了。股价下跌主要是空头打压造成的。"

他也许还会说些陈词滥调来隐藏真正的原因，因为他和他的伙伴们毫无疑问地拥有大量的股票，而且从他们的营业额出现严重下滑的迹象之后，就一直在市场上大卖股票。如果告诉您真相，岂不是邀请您和他们竞相做卖出的动作？这就变成了一种自我保护的状况。

齐克用注解：

更多注解请参考本章导读及下列说明。

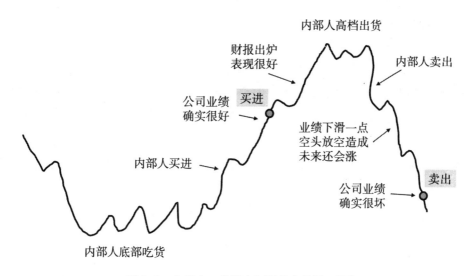

图6-3　内部人、外部人与股价走势循环周期

案例6-3	外部人接收消息操盘赔钱的案例
图6-3	内部人、外部人与股价走势循环周期

很明显的，这就是为什么这位公司内部人士可以轻易地告诉您何时买进，但他不能也不愿意告诉您何时该卖出。那样做几乎等同于背叛了他的同伙。

齐克用注解：

公司内部人士，经常是公司的啦啦队。报喜不报忧。都是多方的心态。

参考本章导读——重磅议题 6-3 内部人提供买进点却不给卖出点。

我建议您随身携带一个小笔记本，记下一些有趣的市场信息；对未来可能有用的想法；可以不时重温的见解；还有一些您对价格变动的个人观察。在这个小笔记本的第一页，我建议您写上——不，最好打印出来：

"提防内幕消息……

所有的内幕消息。"

在投机和投资的领域中，成功只属于那些肯付出努力的人，这一点再怎么强调也不为过。天底下没有不劳而获的事。这就像那个身无分文的流浪汉的故事。饥肠辘辘的他壮起胆走进一家餐馆，点了一份"又大、又香、又厚、又多汁的牛排"，他还对那个侍者说："叫你们老板快一点。"过了一会儿，那位侍者慢吞吞地走回来，嘀咕地说："我们老板说，要是有这样的牛排，他就自个儿吃了。"

要是真的有钱从天上掉下来，也不会有人硬把它塞进您的口袋。

第七章　小麦关键点赚大钱案例

导　读

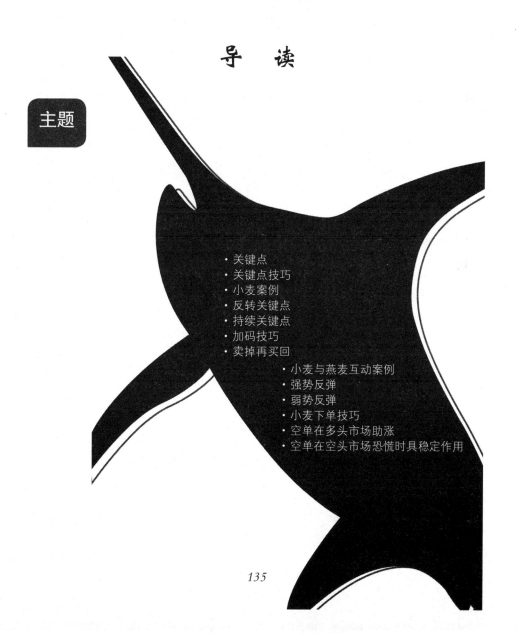

主题

- 关键点
- 关键点技巧
- 小麦案例
- 反转关键点
- 持续关键点
- 加码技巧
- 卖掉再买回

- 小麦与燕麦互动案例
- 强势反弹
- 弱势反弹
- 小麦下单技巧
- 空单在多头市场助涨
- 空单在空头市场恐慌时具稳定作用

微信扫码观看第七章解说视频

操盘心法

操盘过程中，不是只有一个关键点。进场有进场的关键点。当趋势持续时，有趋势持续关键点。随着市场走势的延伸，过程中可能有好几个关键点等待您研判。每个关键点都有其应该观察的重点、注意的市况，以及执行的策略。走势还没发展到那个位置时，任何人都无法预测当时会出现什么样的状况，故谁也无法预估当时群众与自己的投资心理会怎么样变化。

操盘案例

本章有 4 个案例。
案例 7-1 关键点技巧长期操盘大赚
案例 7-2 小麦、裸麦正相关操盘逻辑
案例 7-3 小麦与裸麦正相关实操
案例 7-4 小麦空单回补实操下单技巧

操盘图例

本章有 5 个图例。
图 7-1 反转关键点、持续关键点加码法则

操盘逻辑

即便您拥有大师的操盘工具，也具备了正确的操盘逻辑，假如您没有耐心等待关键点的到来，或者进场之后，没有耐心地等待利润逐渐变大，您还是赚不到大钱。耐心等待赚大钱的机会。做对时，耐心能让小钱变大钱，就能在股市里赚到钱。这在人性中的情绪管理，是重要的课题。仔细剖析利弗莫尔的获利细节及其操盘思维如下：

（1）操盘时，注意股价的波动与行为。

（2）快速调整到对的位置。

（3）注意相关系数高的跨市波动。

（4）注意市场参与者的行为，因别人的犯错行为是您利润的来源。

（5）从股价波动的模式推演出市场参与者的行为。

（6）主力进行试单，印证自己的推演。

（7）出场技巧决定了操盘绩效。

（8）现在的空单仓位，是未来的积极买盘。

（9）交易制度会改变，技巧必须调整。

重点摘要

1. 全部下注，一次到位，是危险的做法

★太多的投机者冲动地买进或卖出股票，几乎把所有的仓位都建立在同一个价位上。这样的做法非但错误，而且十分危险。

1. 操盘时，注意股价的波动与行为

★小麦来到了我所说的关键点，因此我进场买进第一笔小麦 500 万蒲式耳。当时小麦市场是一个非常庞大的市场，因此执行这种规模的买单，对价格并没有明显的影响。这笔买单成交后，市场立即变得沉闷，并持续了几天，但在这期间从未跌破关键点。后来，市场再次开始上涨，并且达到比前一波高点高出几美分的价位。然后，在这个高点出现了正常回调，市场沉闷了几天，之后又开始上涨了。当它向上穿越了下一个关键点时，我立刻买进第二笔 500 万蒲式耳。这笔买单的平均成交价比关键点高出 1.5 美分。在我看来，这一点清楚地表明，市场正处于强势状态。何以见得呢？因为买进第二笔 500 万蒲式耳的过程，比第一笔困难得多了。隔天，市场并没有像第一笔买单那样出现回调，而是上涨了 3 美分，如果我对市场的分析是正确的，那么市场就应当如此表现。从那时起，小麦市场逐步展开了所谓的真正牛市。我的意思是，一场大规模的波动已经开始，我估计它会持续好几个月。然而，我并没有完全意识到未来的所有可能性。当每蒲式耳小麦有 25 美分的利润时，我出清了所有的仓位，然后眼睁睁地看着它在几天之内继续上涨了 20 多美分。这时我才意识到自己犯了大错。

★为什么我要害怕失去那些自己未曾真正拥有的东西呢？我本应该有耐心和勇气持有仓位坐着等到行情结束，但我却急于将账面利润转换成现金。我知道，当上升趋势达到其关键点时，我会及时收到危险信号，并有充裕的时间可以从容出场。

2. 快速调整到对的位置

★我决定再次进场，而重新买进的平均价格，大约比当初卖出的价格高出 25 美分。不过，现在我只敢买进 500 万蒲式耳，相当于当初卖出数量的一半。然后，从那时起，我就一直持有仓位，直到市场发出危险信号。

3. 注意相关系数高的跨市波动

★就在小麦市场出现惊人的上涨行情的同时，还有另一种商品，裸麦，它的涨势甚至比小麦更惊人。不过，与小麦市场相比，裸麦市场非常小，因

此一笔数量不大的买单，就会导致价格快速上涨。

★裸麦市场的规模相对较小，任何大笔买单都会立即引起价格快速上涨，而且对小麦价格的反映，必然是非常明显。每当有人采用这种做法时（利用裸麦市场来支撑小麦价格），大众就会蜂拥买进小麦，结果小麦的价格就被推升到了新高价。这种情形会一直顺利地进行着，直到市场大趋势结束。

4. 注意市场参与者的行为，因别人的犯错行为是您利润的来源

★在操作上述商品的过程中，我在市场上经常持有庞大的仓位，其他人也和我一样，持有很大的仓位。据说，有一位操作者买进了数百万蒲式耳的小麦期货合约，同时还囤积了数百万蒲式耳的小麦现货。不仅如此，为了支撑小麦仓位的价格，他还囤积了大量的裸麦现货。据说他曾多次利用裸麦市场来支撑小麦价格，尤其是小麦开始下跌时，他就下单买进裸麦。

5. 从股价波动的模式推演出市场参与者的行为

★当小麦价格向下回落时，裸麦也亦步亦趋地下跌，从 1925 年 1 月 28 日的最高点 1.82 $\frac{1}{4}$ 美元，下跌到 1.54 美元，跌幅达 28 $\frac{1}{4}$ 美分，与此同时小麦的下跌幅度也达 28 $\frac{3}{8}$ 美分。3 月 2 日，五月小麦回升到前次最高点之下 3 $\frac{7}{8}$ 美分的位置，价格为 2.02 美元，但裸麦并没有像小麦那样从跌势中强劲恢复，只来到 1.70 $\frac{1}{8}$ 美元的价位，比前高低了 12 $\frac{1}{8}$ 美分。这段时间我一直密切观察市场，我强烈地感到有些不对劲，因为在整个大多头市场中，裸麦总是领先小麦上涨。现在，它不但没能领先其他谷物上涨，反而走势落后，而小麦已经收复了大部分的跌幅，但裸麦却没有做到，每蒲式耳还差 12 美分。这样的情形完全不同于往常。于是，我开始着手分析，以确定裸麦没有和小麦同比例地反弹的原因。原因很快就水落石出了。公众对小麦市场很感兴趣，但对裸麦市场没有兴趣。如果裸麦是单一主力的市场，那么他为什么突然之间就不再关注它呢？我的结论是，他要不是对裸麦不再感兴趣而退出了市场，就是在这两个市场中都投入颇深，以至于没有余力进一步加码了。我当下就认定，无论他是在买或卖裸麦都没有区别，市场最终的结果都是一样的，于是我开始检验自己的推论。

6. 主力进行试单，印证自己的推演

★裸麦最新的报价是 1.69 ³/₄ 美元。为了确定裸麦的真实状况，我下了一笔卖单，以"市价"卖出 20 万蒲式耳的裸麦，这时小麦的价格是 2.02 美元。裸麦因我这笔卖单下跌了 3 美分，两分钟之后价格又回到了 1.68 ³/₄ 美元。通过上述交易的执行情况，我发现市场上的买卖单并不多。然而，我还是不能确定之后会发生什么，于是我再次下单卖出第二笔 20 万蒲式耳，结果大致相同——卖单完全成交前下跌了 3 美分，但成交后只弹升了 1 美分，连先前 2 美分的幅度都没有达到。我对自己的市场情况分析还是有些存疑，于是我又下了第三笔 20 万蒲式耳的卖单，结果还是一样——市场再次下跌，但这次没有反弹，它顺着原趋势继续下跌。这就是我一直在注意和等待的信号。我确信，如果有人在小麦市场持有大量的仓位，却为了某种原因没有保护裸麦市场（他的原因为何我并不关心），那么他同样没有能力去支撑小麦市场。因此，我立即以市价卖出 500 万蒲式耳的五月小麦，成交价从 2.01 美元到 1.99 美元。那一天晚上收盘，小麦收在 1.97 美元附近，裸麦收在 1.65 美元。我很高兴最后一部分的成交价低于 2 美元，因为 2 美元是一个关键点，而且市场已经跌破了这个关键点，让我对自己的仓位感到安心。当然，我从不担心那笔交易。几天后，我平掉了自己的裸麦仓位。当初卖出裸麦只是试验性的操作，目的是要确定小麦市场的状态，结果这些裸麦仓位让我获得了 25 万美元的利润。与此同时，我继续卖出小麦，直到累积了 1500 万蒲式耳的空头仓位。3 月 16 日，五月小麦收盘收在 1.64 ¹/₂ 美元，第二天一早，利物浦市场开出低于平盘 3 美分的盘价，以平价基准计算，美国市场将开在 1.61 美元附近。

7. 出场技巧决定操盘绩效

★我做了一件经验告诉我不该做的事，也就是在市场开盘前以限价挂单。然而，情绪的诱惑淹没了理智的判断，我用限价单 1.61 美元回补 500 万蒲式耳，这个价格比前一天收盘价低 3 ¹/₂ 美分。开盘价的区间从 1.61 美元到 1.54 美元。我对自己说："明知故犯，这样的下场是活该的。"这一次还是人性的弱点压倒了直觉判断。我毫不怀疑，我的买单将按照我的限价 1.61 美元成交，也就是在当天开盘价格区间的最高价买进。

★当我看到 1.54 美元的价格时，我下了另一笔买单，回补 500 万蒲式耳。

我马上就收到了一份成交回报："买进 500 万蒲式耳五月小麦，1.53 美元成交。"我又再次下了一笔买单，回补 500 万蒲式耳。不到一分钟，成交回报就来了："买进 500 万蒲式耳，1.53 美元成交。"我很自然地认为这就是我第三笔买单的成交回报。随后，我要到了第一笔买单的成交报告。我拿到的成交回报如下："第一笔买进 500 万蒲式耳，1.53 美元成交。""第二笔买进 500 万蒲式耳，1.53 美元成交。""第三笔买进 500 万蒲式耳，成交价如下：350 万蒲式耳，153 美元成交。100 万蒲式耳，153 $\frac{1}{8}$ 美元成交。50 万蒲式耳，153 $\frac{1}{4}$ 美元成交。"当天的最低价为 1.51 美元，第二天小麦又回到了 1.64 美元。根据我过去的经验，我的限价单从来没有像这样成交的。我的限价单是以 1.61 美元的价格要买进 500 万蒲式耳，而市场却开出 1.54 美元，比 1.61 美元低 7 美分，这个差距意味着我凭空赚进了 35 万美元。

★询问负责替我下单事宜的那位先生，我的第一笔限价买单执行得这么漂亮，到底是怎么回事。他告诉我，当时他碰巧知道市场上有人以市价要卖出 3500 万蒲式耳的小麦。既然如此，他意识到无论市场开盘有多低，开盘后会有大量的小麦以低于开盘价的价格卖出，所以他只是等到开盘价格区间出来，然后以市价挂出我的买单。他说，要不是我的那些买单及时到达交易场内，市场很有可能从开盘的价位大幅下跌。这几笔交易的最终结果显示获利超过了 300 万美元。

8. 现在的空单仓位，是未来的积极买盘

★在投机市场持有空头仓位的价值，因为持有空头仓位的人将成为积极买家，而那些积极买家在市场恐慌时刻，可以发挥急需的稳定作用。

9. 交易制度会改变，技巧必须调整

★现在像这样的操作已经不可能了，因为商品交易管理局将个人在谷物市场上所持有的仓位规模限制在 200 万蒲式耳以内。此外，尽管股票市场并没有限制个人的仓位规模，但是按照现行的放空规则，操作者同样不可能建立大规模的空头仓位。尽管在市场上无法快速赚到如此巨大的钱，但仍能在一段时间内赚到更多的钱并且能够保住它。

重磅议题

重磅议题 7-1 运用关键点大赚的基本条件

内容：

利弗莫尔在前一章提到，他进场之后，价格碰触关键点没站稳又返回，关键点没有被启动前他就进场。关键点不是因为他进场就会产生的。本章谈到他在场外耐心等待，直到关键点被启动的信号向他招手，才在恰到好处的位置进场，这说明行情起动了，您就能赚到钱。要运用关键点赚到大钱，是必须具备基本条件的。

问题：

这里谈的重点是运用关键点技巧赚大钱。投资人听到能够运用关键点赚到大钱，就总是想问，关键点是利弗莫尔创造出来的吗？运用关键点赚到大钱，只属于利弗莫尔才拥有，还是任何人只要做对事情，就可以得到？

结论：

运用关键点赚到大钱的基本条件如下：

（1）关键点不是靠大咖就能被启动。它必须在市场参与者都达成共识之后，才可能被引发，也就是空手者会进场，已买进的会加码，放空者会回补的位置。既然是大家的共识，那只要看懂关键点被引发时马上进场，赚大钱这件事，就不是只有利弗莫尔一人可以办得到的事了。

（2）一般投资人认为，只要有大咖进场价格就会上涨。媒体也都是这么讲的，这应该不会错吧？应该要这样想才是对的，事实上，因未来看涨大咖才会进场，大咖进场，有助于涨势。如果未来不会涨，大咖也不会有兴趣。所以，当我们讲，价出来，成交量也出来，那真突破的机会就比较大了。这里所讲的成交量，并非指某一个大咖的量，而是指大家进来一起买的量。在回忆录里讲到好几个操纵的案例，有成功的，也有失败的。有的是还未操纵，就知道会操纵失败。为什么？因为跟大盘的趋势刚好是颠倒的。所以，主力要操纵之前，一定要先看大盘。

（3）利弗莫尔在回忆录里提到，没有一个市场是可以被人为操纵的。这也证明了关键点的起动，不是靠他一个人就可以启动的，而是大家认同不认同的问题。他举了一个例子，安那康达股票在100元时操作了一次，在200元又操作一次。整数关卡的关键点如果做对了，短期内100元可以涨到150元以上，200元可以涨到250元以上。但是在它来到300元的时候，他又去操作了一次，而这一次，他很快就发现是个假突破，于是他就当场卖掉反手放空。结果这次一下就跌得蛮多的。为什么100元可以过关键点，200元可以过关键点，300元为何过不去？用一样的方法去买，为何300元的那个关卡过不去？所以这里告诉您的重点是，没有任何一个人可以操纵市场。也就是说，即便您这次操纵成功，下次很有可能会失败。

（4）另一个案例是操作伯利恒股票，从80多元，一直涨，涨到90元后，他都没有买，但最后他在98元买进。他说靠知识与耐心的等待，最后一出手，总是满载而归。这案例有三个重点：

A.就关键点技巧而言，他针对整数关卡的关键点，清楚描述他下单位置于他当时的资金状况有关系，关键点技巧应视个人状况不同来做微调。

B.从80多元等到90多元，他在98元才下单到市场上。然后他讲了一句话："这个98元，其实就等同是100元的意思。"这意思是说，在98元时，他就已经判断100元会过。100元是关键点，但在98元时，利弗莫尔已经可以判断100元是会过的。所谓的关键点位置，也是有弹性的，您能在哪个位置看清楚它能越过关键点，取决于您的研判技能。这意思是说，关键点都还没被触及，但股价的表现却可以认为是等同关键点已经被引发，这属于研判技巧的范畴。这就像安纳康达的案例，股价突破了300元，从302 $\frac{3}{4}$ 美元回调时，来到301美元时，他就认为是假突破，而不是等它跌到298时才认为是假突破的逻辑是一样的。至于到底是用什么方法能够提早判断出真假突破，未来笔者会在课程中说明。

C.耐心等待关键点被启动，才能一出手满载而归。相反地，他在棉花上的操作，判断对，但做错，还是一毛都赚不到。

重磅议题 7-2 小麦、裸麦姊妹股操盘术
内容：
利弗莫尔大量广泛运用姊妹股操盘术在期货商品与股票上。在期货商品上的交易，除了本章中小麦与裸麦操作之外，回忆录中谈到放空打击燕麦，回补玉米脱困，还有热带贸易与赤道商业，以及本书最后手稿中的伯利恒钢铁与美国钢铁。这些经典案例其实都是在说明姊妹股操盘术。

问题：

为何商品与商品之间，股票与股票之间，会有如此高的联动性？在本章中，谈到的小麦与裸麦间的投资策略，以及在操盘案例中，有哪些是值得我们学习的操盘重点？

结论：

姊妹股之间的高联动性，在商品上，因为彼此之间可以替换，例如小麦与裸麦中的任一种缺货时，另一种可以替换。热带贸易与赤道商业，一家公司大量持股另一家公司，或是产品同属性的同一板块股票，例如伯利恒钢铁与美国钢铁。

小麦与裸麦的投资策略：操盘手操作小麦商品期间，除了大量买进期货与现货小麦之外，为了协助小麦行情炒作，也会大量买进的现货裸麦，通常小麦有踌躇不前的征兆时，操盘手会下单买进裸麦，以巩固小麦的行情。裸麦市场相较之下，既小又窄，只要下大单，价格立即就会快速弹升，而且能连带有效带动小麦价格上涨。每次只要祭出这个策略，投资人必蜂拥买进小麦，将小麦推升进入另一新高价境界。

本章中有关小麦与裸麦的操盘重点如下：

（1）交易过程除了关注自己的仓位与市况，也要关注联动性高的市场。

（2）成交量小的市场，容易操控。

（3）了解市场参与者的观盘指标，并能推算市场参与者的即将作为。

（4）能推估主力的心思与资金规模。

（5）利用两个联动性高的商品，表演真假突破的走势。

（6）原本容易拉台的裸麦，既然表现得比小麦还弱势。（原本强势的，却涨不动了，这类似于主流股不但没有随着指数创新高，反而是走弱了，这是危险信号之一。）

（7）研判之后，要市场下测试单，由价格来决定我的判断是否正确。

重磅议题 7-3 小麦空单回补的下单技巧

内容：

一般在买卖过程时，所谓的下单技巧就是指交易程序是由委托买单与委托卖单构成。最简单且经常使用的委托单就是市价委托单与限价委托单。这章中先谈裸麦试单卖出后，观察价格变化，持续三次卖出后，开始卖出放空小麦。这里谈的是在大量放空后回补仓位的下单技巧。

问题：

大量卖出放空小麦，直到累积了 1500 万蒲式耳的空头仓位后。3 月 16 日，五月小麦收盘收在 1.64 $\frac{1}{2}$ 美元，隔天一早在利物浦市场开出低于平盘 3 美分的价格，换算成美国市场的价格，预估将开在 1.61 美元附近。于是决定当天开盘后回补空单出场。这里的下单技巧有哪些是值得我们学习的？

结论：

1500 万蒲式耳的小麦空头仓位回补时，操盘下单技巧的重点如下：

（1）当价格已跌到主力该止损的位置时，其实不用着急回补，因为主力的大量市价单止损，将造成价格再度往下推动，那会引发更多的止损单出笼。所以利弗莫尔的盘前第一笔下单技巧是错的，但场内的经理人看到开盘区间之后，看到大家的止损单时，再帮他下出单子，所以让他多赚了 35 万美元。

（2）为何利弗莫尔下的是限价单，经理人可以帮他改成以市价挂出呢？因为当时的价格已低于限价单的价格，且还有更多的卖单要出笼，所以经纪人在开盘后把第一笔单子下到市场上，就成交在开盘价之下是预期得到的。

（3）开盘区间是怎么来的？是所有市价单撮合出来的。所以当您下的限价单，如果在开盘区间内，就一定成交，如果在开盘区间外，就不会成交在开盘价里面。

（4）现在的空单是未来的积极买盘。

（5）身为交易者，看懂哪里是多单的止损位置，以及空单的回补位置，就已经练成赚钱的基本功了。

下面我们进入正文。

在前一章中，我举例说明了自己由于缺乏耐心等待，而与庞大的利润失之交臂。现在，我要讲一个成功的例子，这一次我耐心等待并静观其变，直到关键时刻的到来。

齐克用注解：

参考本章导读——重磅议题7-1运用关键点大赚的基本条件。

1924年夏天，小麦来到了我所说的关键点，因此我进场买进第一笔小麦500万蒲式耳。当时小麦市场是一个非常大的市场，因此执行这种规模的买单对价格并没有明显影响。如果您没有概念，不知道这一笔买单到底有多大，我来告诉您，它相当于买进某只股票5万股。

齐克用注解：

操盘要找有成交量的市场，才是赚到大钱的基本架构。

这笔买单成交后，市场立即变得沉闷并持续了几天，但在这期间从未跌破关键点。后来市场再次开始上涨，并且达到比前一波高点高出几美分的价位。然后在这个高点出现了正常回调，市场沉闷了几天，之后又开始上涨了。

当它向上穿越了下一个关键点时，我立刻买进第二笔500万蒲式耳。这笔买单的平均成交价比关键点高出1.5美分。在我看来，这一点清楚地表明，市场正处于强势状态。何以见得呢？因为买进第二笔500万蒲式耳的过程比第一笔困难得多了。

隔天，市场并没有像第一笔买单那样出现回调，而是上涨了3美分，如果我对市场的分析是正确的，那么市场就应当如此表现。从那时起，小麦市场逐步展开了所谓的真正牛市。我的意思是，一场大规模的波动已经开始，我估计它会持续好几个月。然而，我并没有完全意识到未来的所有可能性。当每蒲式耳小麦有25美分的利润时，我出清了所有的仓位，然后眼睁睁地看着它在几天之内继续上涨了 20 多美分。

齐克用注解：

　　误认为反转关键点即将出现，出清仓位，结果市场发展成持续关键点，应该要加码买进却卖出。趋势会随着基本行情产生变化而扩大涨势规模。如何判断反转关键点未形成，而变成持续关键点，应该立马认错，赶紧再买回呢？市场没有像样的回调，或者回调幅度不够，那就表示还没涨完。

　　这时我才意识到自己犯了大错。为什么我要害怕失去那些自己未曾真正拥有的东西呢？我本应该有耐心和勇气持有仓位坐等行情结束，但我却急于将账面利润转换成现金。我知道，当上升趋势达到其关键点时，我会及时收到危险信号，并有充裕的时间可以从容出场。

　　于是，我决定再次进场，而重新买进的平均价格大约比当初卖出的价格高出 25 美分。不过，现在我只敢买进 500 万蒲式耳，相当于当初卖出数量的一半。然后，从那时起，我就一直持有仓位，直到市场发出危险信号。

齐克用注解：

　　交易过程中，只要有一次判断错误，操作的困难度就会大增。这里描述的卖掉之后再买回，只敢买进原来的一半数量，就是这个原因。

　　更多注解请参考本章导读及下列说明。

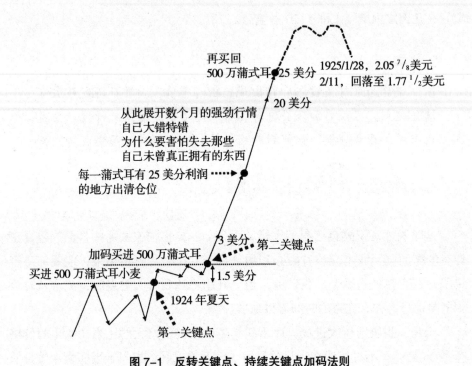

再买回
500 万蒲式耳 25 美分   1925/1/28, 2.05 $^7/_8$美元
2/11, 回落至 1.77 $^1/_2$美元

20 美分

从此展开数个月的强劲行情
自己大错特错
为什么要害怕失去那些
自己未曾真正拥有的东西

每一蒲式耳有 25 美分利润
的地方出清仓位

3 美分   第二关键点

加码买进 500 万蒲式耳

买进 500 万蒲式耳小麦   1.5 美分

1924 年夏天

第一关键点

图 7-1　反转关键点、持续关键点加码法则

案例 7-1	关键点技巧长期操盘大赚案例
图 7-1	反转关键点、持续关键点加码法则

1925 年 1 月 28 日，五月小麦以每蒲式耳 2.05 $^7/_8$美元的高价成交。2 月 11 日，价格回落 1.77 $^1/_2$美元。就在小麦市场出现惊人的上涨行情的同时，还有另一种商品——裸麦，它的上涨过程甚至比小麦更惊人。不过，与小麦市场相比，裸麦市场非常小，因此一笔数量不大的买单就会导致价格快速上涨。

在操作上述商品的过程中，我在市场上经常持有庞大的仓位，其他人也和我一样，持有很大的仓位。据说，有一位操作者买进了数百万蒲式耳的小麦期货合约，同时还囤积了数百万蒲式耳的小麦现货。不仅如此，为了支撑小麦仓位的价格，他还囤积了大量的裸麦现货。据说他曾多次利用裸麦市场来支撑小麦价格，尤其是小麦开始下跌时，他就下单买进裸麦。

齐克用注解：

　　参考本章导读——重磅议题 7-2 小麦、裸麦姊妹股操盘术。

　　如前面所述，裸麦市场的规模相对较小，任何大笔买单都会立即引起价格快速上涨，而且对小麦价格的反映必然非常明显。每当有人采用这种做法时，大众就会蜂拥买进小麦，结果小麦的价格就被推升到了新高价。

　　这个过程一直顺利地进行着，直到市场大趋势结束。当小麦价格向下回落时，裸麦也亦步亦趋地下跌，从 1925 年 1 月 28 日的最高点 1.82 $\frac{1}{4}$ 美元，下跌到 1.54 美元，跌幅达 28 $\frac{1}{4}$ 美分，与此同时小麦的下跌幅度也达 28 $\frac{3}{8}$ 美分。3 月 2 日，五月小麦回升到前次最高点之下 3 $\frac{7}{8}$ 美分的位置，价格为 2.02 美元，但裸麦并没有像小麦那样从跌势中强劲恢复，只来到 1.70 $\frac{1}{8}$ 美元的价位，比前高低了 12 $\frac{1}{8}$ 美分。

　　这段时间我一直密切观察市场，我强烈地感到有些不对劲，因为在整个大多头市场中，裸麦总是领先小麦上涨。现在，它不但没能领先其他谷物上涨，反而走势落后，而小麦已经收复了大部分的跌幅，但裸麦却没有做到，每蒲式耳还差 12 美分。这样的情形完全不同于往常。

　　于是，我开始着手分析，以确定裸麦没有和小麦同比例地回升的原因。原因很快就水落石出了。公众对小麦市场很感兴趣，但对裸麦市场没有兴趣。如果裸麦是单一主力的市场，那么他为什么在突然之间就不再关注它呢？我的结论是，他要不是对裸麦不再感兴趣而退出了市场，就是在这两个市场中都投入颇深，以至于没有余力进一步加码了。

齐克用注解：

　　更多注解请参考本章导读及下列说明。

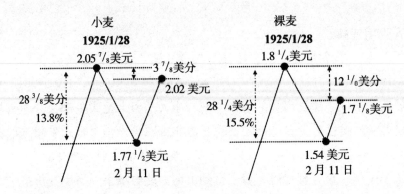

	小麦		裸麦	
1/28	2.05 $^7/_8$美元		1.82$^1/_4$美元	
2/11	1.77 $^1/_2$美元	下跌 28 $^3/_8$美分 (13.8%)	1.54 美元	下跌 28 $^1/_4$美分 (15.5%)
3/2	2.02 美元	反弹至离高点 3 $^7/_8$美分	1.70$^1/_8$美分	反弹至离高点 12$^1/_8$美分

图 7-2 小麦与裸麦正相关走势解读

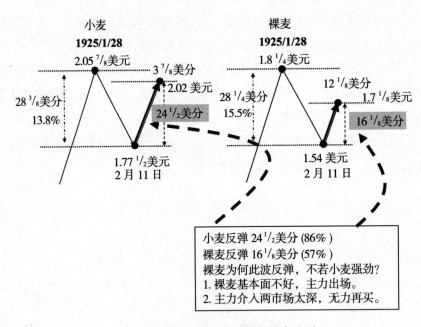

小麦反弹 24$^1/_2$美分 (86%)
裸麦反弹 16$^1/_8$美分 (57%)
裸麦为何此波反弹，不若小麦强劲？
1. 裸麦基本面不好，主力出场。
2. 主力介入两市场太深，无力再买。

图 7-3 正相关走势的逻辑与操盘法则

案例 7-2	小麦、裸麦正相关操盘逻辑案例
图 7-2	小麦与裸麦正相关走势解读
图 7-3	正相关走势的逻辑与操盘法则

我当下就认定，无论他是在买或卖裸麦都没有区别，市场最终的结果都是一样的，于是我开始检验自己的推论。

裸麦最新的叫价是 1.69 ³/₄ 美元。为了确定裸麦的真实状况，我下了一笔卖单，以"市价"卖出 20 万蒲式耳的裸麦，这时小麦的价格是 2.02 美元。裸麦因我这笔卖单下跌了 3 美分，两分钟之后价格又回到了 1.68 ³/₄ 美元。

通过上述交易的执行情况，我发现市场上的买卖单并不多。然而，我还是不能确定之后会发生什么，于是我再次下单卖出第二笔 20 万蒲式耳，结果大致相同——卖单完全成交前下跌了 3 美分，但成交后只弹升了 1 美分，连先前 2 美分的幅度都没有达到。

我对自己的市场情况分析还是有些存疑，于是我又下了第三笔 20 万蒲式耳的卖单，结果还是一样——市场再次下跌，但这次没有反弹，它顺着自己的势头继续下跌。

这就是我一直在注意和等待的信号。我确信，如果有人在小麦市场持有大量的仓位，却为了某种原因没有保护裸麦市场（他的原因为何我并不关心），那么他同样没有能力去支撑小麦市场。因此，我立即以市价卖出 500 万蒲式耳的五月小麦，成交价从 2.01 美元到 1.99 美元。那一天晚上收盘，小麦收在 1.97 美元附近，裸麦收在 1.65 美元。我很高兴最后一部分的成交价低于 2 美元，因为 2 美元是一个关键点，而且市场已经跌破了这个关键点，让我对自己的仓位感到安心。当然，我从不担心那笔交易。

齐克用注解：

　　若是能够看懂主力在测试行情，我们也就能看出其测试结果，而这就是搭顺风车的时机。

几天后，我平掉了自己的裸麦仓位。当初卖出裸麦只是试验性的操作，目的是要确定小麦市场的状态，结果这些裸麦仓位让我获得了 25 万美元的利润。

齐克用注解：

更多注解请参考本章导读及下列说明。

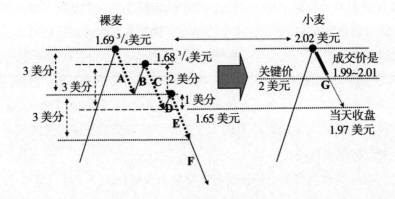

A：市价卖出 20 万蒲式耳裸麦，下跌 3 美分
B：反弹 2 美分
C：市价卖出 20 万蒲式耳裸麦，下跌 3 美分
D：反弹 1 美分
E：市价卖出 20 万蒲式耳裸麦，下跌 3 美分
F：裸麦没反弹，持续下跌
G：市价放空 500 万蒲式耳小麦，小麦成交价是
　　2.01~1.99 美元，当天收盘在 1.97 美元

图 7-4　小麦与裸麦正相关实操技巧

案例 7-3	小麦与裸麦正相关实操案例
图 7-4	小麦与裸麦正相关实操技巧

与此同时，我继续卖出小麦，直到累积了 1500 万蒲式耳的空头仓位。3 月 16 日，五月小麦收盘收在 1.64 $\frac{1}{2}$ 美元，第二天一早，利物浦市场开出

低于平盘3美分的盘价，以平价基准计算，美国市场将开在1.61美元附近。

这时，我做了一件经验告诉我不该做的事，也就是在市场开盘前以限价挂单。然而，情绪的诱惑淹没了理智的判断，我用限价单1.61美元回补500万蒲式耳，这个价格比前一天收盘价低$3\frac{1}{2}$美分。开盘价的区间从1.61美元到1.54美元。我对自己说："明知故犯，活该这样的下场。"这一次还是人性的弱点压倒了直觉判断。我毫不怀疑，我的买单将按照我的限价1.61美元成交，也就是在当天开盘价格区间的最高价买进。

就这样，当我看到1.54美元的价格时，我下了另一笔买单，回补500万蒲式耳。我马上就收到了一份成交回报："买进500万蒲式耳五月小麦，1.53美元成交。"

我又再次下了一笔买单，回补500万蒲式耳。不到一分钟，成交回报就来了："买进500万蒲式耳，1.53美元成交。"我很自然地认为这就是我第三笔买单的成交回报。随后，我要到了第一笔买单的成交报告。我拿到的成交回报如下：

第一笔买进500万蒲式耳，1.53美元成交。

第二笔买进500万蒲式耳，1.53美元成交。

第三笔买进500万蒲式耳，成交价如下：

350万蒲式耳，153美元成交；

100万蒲式耳，$153\frac{1}{8}$美元成交；

50万蒲式耳，$153\frac{1}{4}$美元成交。

当天的最低价为1.51美元，第二天小麦又回到了1.64美元。根据我过去的经验，我的限价单从来没有像这样成交的。我的限价单是以1.61美元的价格要买进500万蒲式耳，而市场却开出1.54美元，比1.61美元低7美分，这个差距意味着我凭空赚进了35万美元。

不久之后，我有事去芝加哥，我询问负责给我下单事宜的那位先生，我的第一笔限价买单执行得这么漂亮，到底是怎么回事。他告诉我，当时他碰巧知道市场上有人以市价要卖出3500万蒲式耳的小麦。既然如此，他意识到无论市场开盘有多低，开盘后会有大量的小麦以低于开盘价的价格卖出，所以他只是等到开盘价格区间出来，然后以市价挂出我的买单。

齐克用注解：

更多注解请参考本章导读及下列说明。

	下单 (1500 万蒲式耳空单)	成交
第一次	利物浦下跌，预期美国开盘在 1.61 美元，开盘前即以 1.61 限价挂单，买进 500 万蒲式耳回补。	开盘价的区间是 1.61~1.54。误以为买单成交在 1.61 美元，当天最高价。事实是成交回报在第二次下单之后，回报的 1.53 美元。
第二次	当价格到 1.54 时，我又以市价买进 500 万蒲式耳回补。	立刻收到回报成交价在 1.53 美元，但这是第一次下单的回报。事实是成交回报在第三次下单之后，回报的 1.53 美元。
第三次	价格在 1.53 时，再以市价买进 500 万蒲式耳回补。	第三次下单之后，回报的 1.53 美元，是第二次下单的回报。第三次下单后的回报： 第一笔：350 万蒲式耳，1.53 成交。 第二笔：100 万蒲式耳，$1.53\frac{1}{8}$ 成交。 第三笔：50 万蒲式耳，$1.53\frac{1}{4}$ 成交

曾有读者问道："这本书我看了 3 遍，就是这里看不懂，请问老师，利弗莫尔所讲的很棒的单子，所指是何笔呢？指第一次的 500 万蒲式耳空单回补在 1.53 美元。" "负责我下单事宜的先生告诉我，当时他碰巧知道市场上有人以市价要卖出 3500 万蒲式耳的小麦。意识到无论市场开盘有多低，开盘后会有大量的小麦以低于开盘价的价格卖出，所以等到开盘价格区间出来，然后以市价挂出我的买单。"

图 7-5　小麦空单回补实操下单技巧

案例 7-4	小麦空单回补实操下单技巧案例
图 7-5	小麦空单回补实操下单技巧

他说，要不是我的那些买单及时到达交易场内，市场很有可能从开盘的价位大幅下跌。

这几笔交易的最终结果显示获利超过了 300 万美元。

这说明了在投机市场持有空头仓位的价值，因为持有空头仓位的人将成为积极买家，而那些积极买家在市场恐慌时刻可以发挥急需的稳定作用。

齐克用注解：

参考本章导读——重磅议题 7-3 小麦空单回补的下单技巧。

现在像这样的操作已经不可能了，因为商品交易管理局将个人在谷物市场上所持有的仓位规模限制在 200 万蒲式耳以内。此外，尽管股票市场并没有限制个人的仓位规模，但是按照现行的放空规则，操作者同样不可能建立大规模的空头仓位。

齐克用注解：

规则可能因时代不同而有所改变，但操作逻辑不会变。过去没有限制放空数量，现在会限制放空数量，甚至于会限制放空价格。然而现在替代性的避险工具出来了，故要达到利弗莫尔所谈的操作规模等级依然存在。

因此，我认为老投机者的时代已经过去了，未来他们的位置将被"半投资者"所取代。尽管这些"半投资者"无法在市场上快速赚到如此巨大的钱，但他们能够在一段时间内赚到更多的钱，并且能够保住它。我相信，未来成功的"半投资者"只会在关键的心理时刻进场操作，并且能够从每一次或大或小的变动中获得更高比例的利润，也比纯粹投机思维的操作者获得更多。

齐克用注解：

半投资者（semi-invester）是指，投资方式介于投机和投资之间的市场参与者。

第八章　根据交易原理通则操盘

导　读

主题

· 视投机为终身事业
· 价格形态一再重复
· 股市没有新鲜事
· 价格记录预测价格波动
· 设定一套固定的交易模块
· 不再考虑微小波动
· 价格记录能看到重大波动的价格形态
· 时间因素对于重大波动形成至关重要
· 检查价格变动的幅度
· 设计了一份六个栏位的表单
· 次级反弹、自然反弹、上升趋势
· 次级回调、自然回调、下降趋势
· 价格大约30美元，大约6点的幅度
· 观察该板块的两只股票，结合两只股票的价格变动，
　得出关键价格
· 上升趋势中只要最新价格高于前一个记录便列入记录

· 反向波动，两只股票的价格变动平均达到
　6点
· 投机者必须知道的唯一重点，就是市场本身
　的表现
· 这里的交易规则对于微小波动没有什么帮
　助，它的目的在于捕捉大波段行情

微信扫码观看第八章解说视频

操盘心法

利弗莫尔还是在空桶店里抄黑板的小子时，他就问自己："股价为何总是跳个不停？""股价会一开始就讲真话吗？"后来经历过一生的操盘，累积了多少的赔光再赚回的经验，最终成为伟大的作手。他的赚钱关键点技巧在本书第五章至第十章，完全公开。看似复杂的规则，笔者在本章中通过注解、归纳与图解说明，一幅股价运行图与其中的价格波动，就能看得一清二楚。从波段大小、波段互换、波段延伸、真假突破、窄幅整理、趋势反转等，为您解开一出手总是满载而归的位置。

利弗莫尔如何运用六栏记录呢？

（1）首先他对大环境或新闻事件有看法时，也就是他讲的"基本行情""通则"等。来到操盘端，该在哪个位置下单呢？靠的是六栏记录，用来看清大小波段与转折点，找出进场点、加码点、出场点。通过六栏记录，删除操作细微波的震荡，抱牢从底部买进，以及过程中越过关键点不断加码的仓位。能把手中的仓位抱稳，走完整个大波段，尤其是在最后24个小时更应该在轿子上，如此才能赚到大钱，进而成就一位在大行情下的交易赢家。

（2）检查每一笔交易，并且和自己所作的笔记逐一对照。所有的交易都有做笔记，记录自己的买进或放空理由，还有出场原因。

您应该仔细阅读本章至第十章的规则，因为在这里您会看到如水晶球般的透明度，为您解密股价运行模式。这是提供您找到良好买卖点参考点，因为把原本不确定性的价格猜测，变成有科学依据的套路；把不知所措的想法，回归到价格的检查。

这是一套完整的心智模式，可帮您思考，在什么情况下才能走到捕捉大行情的赢家位置。本书每章都有说不完的精彩，从他的成长，也带给我们从繁杂的研判过程，走进了精简的六栏记录。给人有操盘技能正在加速进展的感觉，至今，也只有这本书做得到。在投资市场里，有很多书都是引导您走捷径，引导您学到一些虚有其表的招数，而利弗莫尔告诉您的是如何避免犯错。在本章他认为过渡操作细微波是错误的，它让您无法赚到大钱。

操盘案例

本章有 3 个案例。

案例 8-1 股市没新鲜事只是价格变动一再重复

案例 8-2 记录手稿的方式与意义

案例 8-3 无须找原因赶快行动案例

操盘图例

本章有 4 个图例。

图 8-1 每一档股票走势都依股价运行图进行

图 8-2 走势形态依股价运行图分为五种

图 8-3 手稿中的六栏记录

图 8-4 大盘上涨只有钢铁板块不涨的位置

操盘逻辑

记录价格形态，然后寻找自己想要交易的形态，辨识交易机会。仔细剖析利弗莫尔获利的细节，归纳其操盘逻辑如下：

（1）注意价格形态，而非单一价格。

（2）学习判断重大走势才能赚到钱。

（3）亲力亲为制作未来走势预测图（股价运行的六个循环周期）。

（4）辨识自然反弹（或自然回调）还是市场趋势反转。

（5）运用关键点技巧归纳股价的运行路径。

（6）由姊妹股找关键点。

（7）勇于执行关键点带来的信号。

（8）不如预期，应立刻采取行动。

重点摘要

1.注意价格形态，而非单一价格

★股市没有什么新鲜事，价格变动只是一再重复，尽管各种股票的具体情况各有不同，但它们的价格形态却是相同的。

★价格记录，它可作为预测价格波动的指南。

★满脑子只想投机，想要设计一套可以时刻进出市场的交易策略，用以捕捉所有中间的微小波动，这是不对的。

2.学习判断重大走势才能赚到钱

★正确判断真正重大波动的形成，时间因素是至关重要的。

★价格记录明白地告诉我，它们不会帮助我追逐中间的微小波动，但只要我睁大眼睛，就能看到预示重大波动的价格形态。当下我就下定决心不再考虑所有的微小波动了。

★研究时间这个因素，而且试图发掘一种方法来识别微小的波动。即使市场处于明显的趋势中，其中的过程仍然会出现许多小规模的震荡。我想找出自然回调和自然反弹的构成要件，于是我开始检查价格变动的幅度。最初，我计算的基本单位是一个点。这并不合适。接着是两个点，以此类推，直到最后我终于找到构成自然回调或自然反弹的波动幅度。

★如果您想利用重大波动中间的微小波动来做额外的交易，这里的交易规则肯定是没有什么帮助的。它的目的在于捕捉大波段行情，并揭示重大行情的开始和结束。

3. 亲力亲为制作未来走势预测图（股价运行的六个循环周期）

★每一只股票有六个栏位，其价格按照规定分门别类记录在每一列内。六个不同的栏位，分别为上升趋势、自然反弹、次级反弹与下降趋势、自然回调、次级回调，通过这样的安排来构成我所称的未来走势预测图。

4. 辨识自然反弹（或自然回调）还是市场趋势反转

★价格大约 30 美元或更高的某只股票，必须从极端的价位开始反弹或回调大约 6 点的幅度，然后我才能意识到市场正在形成自然反弹或自然回调。这样的反弹或回调并不意味着市场趋势已经改变了方向，它只是表明市场正在经历自然运动，而市场趋势仍然与之前完全相同。

★我不会把单一个股的价格变动视为该板块的趋势已经出现了积极变化。为了确认某板块的趋势确实已经改变，我会观察该板块中的两只股票，然后结合这两只股票的价格变动，得出我所谓的关键价格。单一个股有时波动大到足以将其填入我的上升趋势或下降趋势栏位，但只看单一个股会有陷入错误信号的风险，结合两只股票的价格变动才能得到充分的保证。因此，趋势是否确实改变，必须从关键价格的变动来确认。

5. 运用关键点技巧归纳股价的运行路径

★单一个股，其基本原则是严格遵守 6 点的价格变动。

★这个交易规则是为价格大约 30 美元以上的活跃股所设计的。虽然其基本原则同样适用于预测所有的股票走势，但考虑到价格非常低的股票，就必须对此交易规则进行某些调整。

6. 由姊妹股找关键点

★有时候美国钢铁的价格变动，例如，只有 $5\frac{1}{8}$ 点，与此同时伯利恒钢铁相应的变动可能有 7 点，在这种情况下，我也把美国钢铁的价格记录在相应的栏目内。原因是，两只股票的价格变动构成了关键价格，而两者合计达到了 12 点或更多，且两者平均幅度达到了 6 点，符合所需的适当距离。

7. 勇于执行关键点带来的信号

★能否按照这个方法获得成功，还是取决于记录告诉您这样做时能迅速采取行动的勇气。没有任何犹豫不决的余地，您必须像这样训练自己的思维。如果您还要等别人来解释、告诉您理由或保证什么，那么行动的时机就已经溜走了。

★在您应该买进或卖出某只股票时，试图先找出"一个很好的理由"的做法，是愚蠢的。如果您一定要等到那个好理由后才出手，您就会错失适时采取行动的机会！投资者或投机者必须知道的唯一理由，就是市场本身的表现。

8. 不如预期，应立刻采取行动

★无论何时，只要市场表现不对劲，或没有按照应有的方式行动，您就应该改变自己的看法，而且要立即改变。请记住，股票之所以那样表现，一定有它的理由。但您也要记住，您很有可能要到未来某个时点才会知道其理由，而那时再采取行动都为时已晚了。

重磅议题

重磅议题 8-1 自然回调与自然反弹的构成要件

内容：

利弗莫尔说想要找出自然回调和自然反弹的构成要件，于是开始检查价格变动的幅度。最初，我计算的基本单位是一个点，但这并不合适。于是接着是两个点，一直测试，最后终于找到构成自然回调或自然反弹的波动幅度，是六个点。这是手稿记录的重要元素。

问题：

很多投资人看到利弗莫尔所说的六个点之后，于是就开始复制到他自己操盘的股票。接着的问题就是，好像看不出有什么作用？也不知如何使用？

问题出在每只个股的股性不同，大盘股或小盘股，这些都不是固定用六点就行。

结论：

自然回调与自然反弹的构成要件如下：

（1）跟前一个趋势反向进行时，达6点以上的幅度。

（2）原趋势在高点见到之后，在六点以内回调的震荡，是缓冲空间，还是归属在原来的趋势里面。就是原来是自然反弹，高点见到之后，只要在六点以内，还是归属于自然反弹里面。

（3）六点这个数字是不具精准度的，可随着不同的个股而做调整，需要自己用经验去找出来。

（4）六点的幅度，并不意味着市场趋势已经改变了方向，它只是表明市场正在经历正常的震荡，而市场趋势仍然与之前的完全相同。

（5）若要判断趋势是否反转，不是靠自然反弹或自然回调。为了确认某板块的趋势确实已经改变，应观察该板块中的两只股票，然后结合这两只股票的价格变动，得出所谓的关键价格再来判断。

重磅议题8-2 运用六栏记录来预测行情

内容：

六栏记录用来记录价格，然后达到预测行情的目的。为何执行六栏记录可以形成信念、形成主观意识，可以避免犹豫不决？因为市场价格跳个不停，任何一个点看起来都可能向上或向下。心里的想法也是一样的，好像会涨又好像会跌。情绪方面，也有两派想法，怕没有买到，又怕买到最高点。心中有两个想法要您去做决定，有两种情绪需要自己去安抚。由于两种想法都有其理由并站得住脚。所以很容易陷入犹豫不决的阶段。

当您通过价格记录来直接进行对它的实际关注，这就已不是处于空想阶段，而是亲力亲为的在执行。任何事情、任何想法，都无法借由凭空想象就能走到正确并精准的位置。利弗莫尔的操盘经历，开发六栏记录的过程，都指向实作才能累积爆发力。

问题：

六栏记录到底是要做什么用的？是为了预测趋势吗？还是为了要找转折点？六栏记录中主要在找关键点。这些关键点包括了反转关键点、持续关键点以及短中长期趋势的辨识。反转关键点就是在找转折点。读者经常问的问题："何时应该要预测行情？"若用利弗莫尔的关键点技巧来解答，很快就能把这问题看得更深入。反转关键点与持续关键点出来时，才需去预测行情。

结论：

有关"行情什么时候要预测"的重点有两个：

（1）趋势或整理时都不用预测。

A.趋势不用预测：上涨趋势不需要预测，下跌趋势也不需要预测。这就是六栏记录中讲的，持续有新高，或者持续有新低，就持续填在同一栏内。这一句话呼应了利弗莫尔讲的：一个上涨的趋势，其尽头在哪里，您永远不会知道。所以不需要预测。一个下跌格局持续进行中的时候，它最后的终点站会在哪里，您也永远不会知道。所以也不需要预测。

B.整理格局不需要预测：利弗莫尔的关键点技巧谈到，只有在整理区间被突破后，关键点出来了，这时候才需要预测。这个地方是趋势可能延续的位置。当在整理区间的时候，不需要预测，只要缩手不动就可以了。

（2）行情需要预测的时机

A.一个上涨趋势，其高点已经出现之后，这是指暂时不再有新高，这时候您开始要预测。您要预测这个高点，是不是真的是波段高点已经到了，若是，逢高应该站卖方。或者一个下跌的趋势，低点出现之后，它从低点开始反弹上来，这个时候您开始要去预测，是不是再到低点附近的位置时，应该要去做买进，或空单回补。这些时候是您要开始做预测的时候。

B.这里呼应了利弗莫尔讲的规则，"当低点反弹上来，达6点时，请您在低点的下面画两条线"，画线的这个位置，就是反转关键点。所以在应用上他告诉您，第一件事情，您先找出关键点；第二个，当价格开始反弹达到6点之后，若未来再次回调去测试画线的低点时，您要去注意，那里是不是下跌趋势的终结点。这时您要考虑的是，这里是不是买进的位置？

下面我们进入《股票大作手操盘术》第八章正文。

在我一生中有许多年都致力于投机，直到我意识到股市没有什么新鲜事，价格变动只是一再重复，尽管各种股票的具体情况各有不同，但它们的价格形态却是相同的。

齐克用注解：

每一档股票的走势都依股价运行图的模式进行，只是股价运行的规模可大可小，意指日线周线月线的规模。假设股价从30元涨到300元，所用的时间是一年。您可以从股价的短期走势中看出其依股价运行的模式慢慢堆攒至长期走势，也就是从日线堆攒至周线，再堆攒至月线。

更多注解请参考本章导读及下列说明。

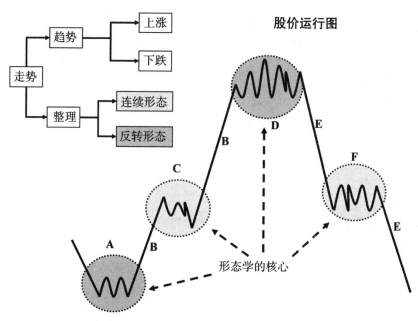

图8-1　每一档股票走势都依股价运行图进行

股价运行图分为五种：
上涨、下跌、连续形态、头部反转、底部反转

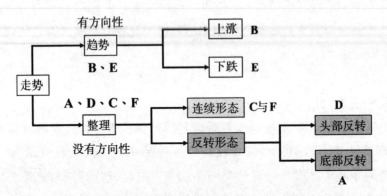

图 8-2　走势形态依股价运行图分为五种

案例 8-1	股市没新鲜事只是价格变动一再重复
图 8-1	每一档股票走势都依股价运行图进行
图 8-2	走势形态依股价运行图分为五种

　　正如前面所说的，我迫切需要价格记录，它可作为预测价格波动的指南。我满怀热情地投入这项工作，于是我开始努力寻找一个出发点，来帮助我预测未来的市场波动。这可不是一件容易的事。

齐克用注解：

　　从这章开始利弗莫尔进行找出固定的系统化操盘模式。从六栏记录里面可以看到："价格变动的时间点""价格落在六栏内的记录"。从记录价格的变动，通过时间进行，得出波段高低点，进而归纳出大小波段、波段转折点、趋势结束或连续。从价格的跳动速度，研判关键点是否被启动。从价格的上下变化之稳定性，判断是原趋势的进行或细微波的波动。

　　现在回顾那些最初的努力，就能理解，当时为什么不能马上获得成果了。

那时，我满脑子只想投机，想要设计一套可以时时刻刻进出市场的交易方法，用以捕捉所有波动中的细微波动。这是不对的，我及时地清楚认识到这一事实。

齐克用注解：

经常有投资人问："该怎么拟定交易策略呢？"利弗莫尔在这里告诉我们，如果您只想做短线，策略与配套措施就要与短线交易相匹配，同样地，如果您想做长线，策略与配套措施就要调整成交易长线的模式。想要怎么收获，就得怎么栽。最忌讳的是，拿着短线交易的思维，去操作长线，明明想赚短期波动，做错没赚到却不止损，骗自己说要长期投资了。这里的另一个重要提醒是短线交易，是靠细微波动赚钱，而这较容易失败。

我继续做我的价格记录，我确信它们具有真正的价值，只等待我去发掘。经过不断的努力，其中的秘密终于揭晓了。这些记录明白地告诉我，它们不会帮助我追逐行情间的微小波动，但只要我睁大眼睛，就能看到预示重大波动的价格形态。

当下我就下定决心不再考虑所有的微小波动了。

经过不断地仔细研究许多记录，我突然意识到，为了正确判断真正重大波动的形成，时间因素是至关重要的。于是，我重新投入研究时间这个因素，而且试图发掘一种方法来识别微小的波动。我意识到，即使市场处于明显的趋势中，其中的过程仍然会出现许多小规模的震荡。它们一直令人很困惑，但它们已不再是我关注的问题了。

齐克用注解：

利用时间因素过滤掉小规模的震荡。当价格在短期内的变动幅度是忽上忽下，也就是说忽而自然反弹，忽而自然回调，甚至走到次级反弹、次级回调里，这些都是影响投资人抱牢股票赚到大波段的干扰因子。利弗莫尔说，您要有办法辨识这些是细微波的变化，而且不要理会它，才有办法赚到大钱。

我想找出自然回调和自然反弹的构成要件，于是我开始检查价格变动的幅度。最初，我计算的基本单位是一个点。这并不合适。接着是两个点，以此类推，直到最后我终于找到构成自然回调或自然反弹的波动幅度。

齐克用注解：

参考本章导读——重磅议题 8-1 自然回调与自然反弹的构成要件。

为了便于说明，我特别设计了一份表单，上面有不同的栏位，而通过这样的排列，构成了我所称的未来走势预测图。每一只股票有六个栏位，其价格按照规定分别记录在每一列内。这六个栏位的标题分别是：

第一栏：次级反弹（Secondary Rally），"用铅笔记录"

第二栏：自然反弹（Natural Rally），"用铅笔记录"

第三栏：上升趋势（Upward Trend），"用黑笔记录"

第四栏：下降趋势（Downward Trend），"用红笔记录"

第五栏：自然回调（Natural Reaction），"用铅笔记录"

第六栏：次级回调（Secondary Reaction），"用铅笔记录"

齐克用注解：

更多注解请参考本章导读及下列说明。

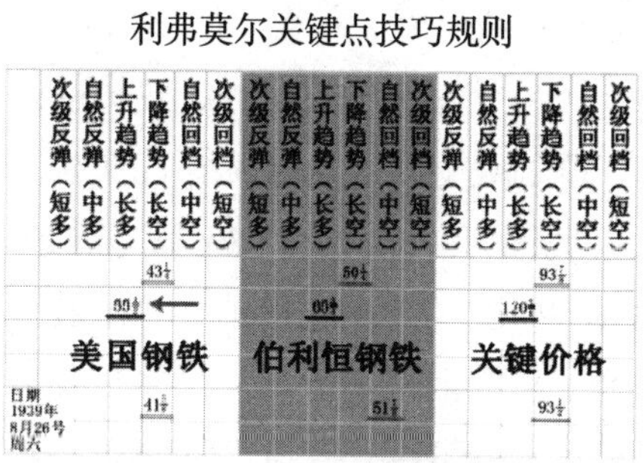

利弗莫尔关键点技巧规则

次级反弹（短多）	自然反弹（中多）	上升趋势（长多）	下降趋势（长空）	自然回档（中空）	次级回档（短空）	次级反弹（短多）	自然反弹（中多）	上升趋势（长多）	下降趋势（长空）	自然回档（中空）	次级回档（短空）	次级反弹（短多）	自然反弹（中多）	上升趋势（长多）	下降趋势（长空）	自然回档（中空）	次级回档（短空）
		43¼						50¼						93¼			
55¼ ←								60¼				120¼					

美国钢铁	伯利恒钢铁	关键价格
日期 1939年 8月26号 周六　41¾	51¾	93¼

利弗莫尔关键点技巧规则

① ② ③ ④ ⑤ ⑥　CHART THIRTEEN

SECONDARY RALLY　NATURAL RALLY　UPWARD TREND　DOWNWARD TREND　NATURAL REACTION　SECONDARY REACTION

U.S. Steel　　43¼　55¾ ←

Bethlehem Steel　50¢　65¾

Key Price　93¢　120¾

1939 DATE SAT. AUG 26　41¾　U.S. STEEL　　51¾　BETHLEHEM STEEL　　93¼　KEY PRICE

美国钢铁(U.S. Steel)

Secondary Rally	Natural Rally	Upward Trend	Downward Trend	Natural Reaction	Secondary Reaction
次级反弹	自然反弹	上升趋势	下降趋势	自然回调	次级回调
短多	中多	长多	长空	中空	短空
①	②	③	④	⑤	⑥

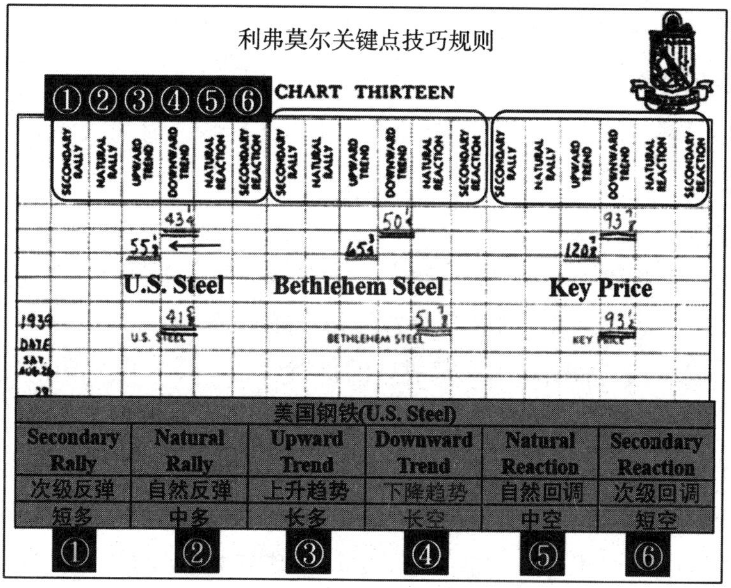

图 8-3　手稿中的六栏记录

案例 8-2	记录手稿的方式与意义
图 8-3	手稿中的六栏记录

　　填入上升趋势栏位内的数字，以黑笔为之。自然反弹和次级反弹，则以铅笔为之。填入下降趋势栏位内的数字，以红笔为之。自然回调和次级回调，亦以铅笔为之。

　　如此一来，每当我将价格记录在上升趋势或下降趋势栏位时，都能够对当时的实际趋势印象深刻。这些有颜色的数字会对我说话。我持之以恒，不管是红字或黑字，都会明明白白地告诉我真相。

当我使用铅笔记录时，我知道我注释的是自然震荡。（请注意，书上浅蓝色印刷的数字就是我在表格上用铅笔记录的数字。）

我认为，价格大约 30 美元或更高的某只股票，必须从极端的价位开始反弹或回调大约 6 点的幅度，然后我才能意识到市场正在形成自然反弹或自然回调。这样的反弹或回调并不意味着市场趋势已经改变了方向，它只是表明市场正在经历自然波动，而市场趋势仍然与之前完全相同。

齐克用注解：

参考本章导读——重磅议题 8-1 自然回调与自然反弹的构成要件。

在此我要解释一下，我不会把单一个股的价格变动视为该板块的趋势已经出现了积极变化。为了确认某板块的趋势确实已经改变，我会观察该板块中的两只股票，然后结合这两只股票的价格变动，得出我所谓的关键价格。我发现，单一个股有时波动大到足以将其填入我的上升趋势或下降趋势栏位，但只看单一个股会有陷入错误信号的风险，结合两只股票的价格变动才能得到充分的保证。因此，趋势是否确实改变，必须从关键价格的变动来确认。

现在让我来说明这个关键价格的方法，其基本原则是严格遵守 6 点的价格变动。您会发现，在我随后的记录中，有时候美国钢铁的价格变动只有（比如）5 $\frac{1}{8}$ 点，与此同时伯利恒钢铁相应的变动可能有 7 点，在这种情况下，我也把美国钢铁的价格记录在相应的栏目内。原因是，两只股票的价格变动构成了关键价格，而两者合计达到了 12 点或更多，且两者平均幅度达到了 6 点，符合所需的适当距离。

当价格变动达到记录点时，即两只股票平均都移动 6 点时，我会在同一栏位下继续记录此后任何一天的新极端价格。换句话说，在上升趋势中，只要最新价格高于前一个记录便列入记录；在下降趋势中，只要最新价格低于前一个记录便列入记录。这个过程一直持续到反向波动开始。当然，这个反向波动也是基于同样的原则，即两只股票的价格变动平均达到 6 点，或者关键价格达到 12 点。

　　您会发现，从那时起我从没有违背过这项原则，绝无例外。如果结果不是我预期的，我也不会找借口来违背这项原则。请记住，我在记录中列出的这些价格并不是我设定的，它们是当日交易过程中的实际成交价格。

　　如果我说我的价格记录方式已经十分完美，那就太自以为是了。那样说是误导、不准确的。我只能说，经过多年的检验和观察，我觉得自己已经到了可以作为记录基础的地方，而从这些记录，我们就可以绘制出一张有助于确定重大价格变动的图表。

　　有人说，成功取决于做出决定之时。

　　当然，能否按照这个方法取得成功，还是取决于记录告诉您这样做时能迅速采取行动的勇气。没有任何犹豫不决的余地，您必须像这样训练自己的思维。如果您还要等别人来解释，告诉您理由或者保证什么，那么行动的时机就已经溜走了。

齐克用注解：

　　参考本章导读——重磅议题8-2运用六栏记录来预测行情。

　　举例说明（如图8-4）：正当所有股票历经了快速上涨之后，第二次世界大战欧洲战事爆发了，于是整个市场出现了自然回调。随后，四大板块中的所有股票都从下跌走势中反转回升，而且再创新高——钢铁板块除外。在这种情况下，任何按照我的方法做记录的人，都会把注意力聚焦于钢铁板块。现在，钢铁板块没有和其他板块一起继续上涨，它肯定有一个很好的理由。但当时我并不知道，而且也没人能够告诉我合理的解释。然而，任何做记录的人都能意识到，钢铁板块的上涨趋势已经结束了。直到1940年1月中旬，也就是4个月之后，公众才得知真相，而钢铁板块在那段时间的表现才得以解释。有关单位发布了一则公告，说那时英国政府卖出了超过10万股美国钢铁公司的股票，与此同时，加拿大也卖出了2万股。当这则公告发布时，美国钢铁的价格比它在1939年9月创下的最高点低了26点，伯利恒钢铁则低了29点，而其他三大板块只比其最高点低了 $2\frac{1}{2}$ 到 $12\frac{3}{4}$ 点。这一事件证明，在您应该买进或卖出某只股票时，试图先找出"一个很好的理由"的做法是愚蠢的。如果您一定要等到那个好理由后才出手，您就会错失适时采取行动的机会！投资者或投机者必须知道的唯一理由，就是市场本身的表现。无论何时，只要市场表现不对劲，或没有按照应有的方式行动，您就应该改变自己的看法，而且要立即改变。请记住，股票之所以那样表现，一定有它的理由。但您也要记住，您很有可能要到未来某个时点才会知道其理由，而那时再采取行动都为时已晚了。

齐克用注解：

更多注解请参考本章导读及下列说明。

英国政府卖出了超过 10 万股美国钢铁公司的股票，与此同时，加拿大也卖出了 2 万股。当这则公告发布时，美国钢铁的价格比它在 1939 年 9 月创下的最高点低了 26 点，伯利恒钢铁则低了 29 点，而其他三大板块只比其最高点低了 $2\frac{1}{2}$ 到 $12\frac{3}{4}$ 点。

本段的操盘重点有：①从事件导向看大盘变化与板块变化，研判趋势反转还是正常的震荡。②不跟随大盘走势的板块，是弱势族群，是放空标的。③形成主观意识、再由六栏记录检查与寻找空点位置。④耽误您在关键时刻进场的原因，经常是为了寻找股价变动的背后原因。⑤事实总是在股价反应完毕之后才被揭露。

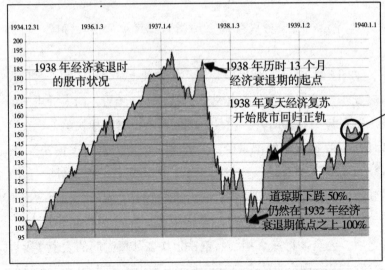

图 8-4 大盘上涨只有钢铁板块不涨的位置

案例 8-3	无须找原因赶快行动案例
图 8-4	大盘上涨只有钢铁板块不涨的位置

我再说一遍，如果您想利用重大波动中间的微小波动来做额外的交易，这里的交易规则肯定是没有什么帮助的。它的目的在于捕捉大波段行情，并揭示重大行情的开始和结束。如果您切实地奉行这个交易规则，就会发现它的确具有独到的价值。或许我还应该再说一遍，这个交易规则是为价格大约30美元以上的活跃股所设计的。虽然其基本原则同样适用于预测所有的股票走势，但考虑到价格非常低的股票，就必须对此交易规则进行某些调整。

齐克用注解：

以下是利弗莫尔手稿精髓所在：

（1）依据基本行情研判多空，进而运用六栏记录寻找进场点。过程中，运用观察关键点的变化，寻找加码点。另外，运用六点以上的波动，切割行情形成自然回调、自然反弹等波幅。舍弃这些自然回调与自然反弹等细微波的操作，晋升为捕捉到大行情的交易大赢家。

（2）不是所有的观键点，都要进场操作一下。

这个交易规则一点都不复杂，那些感兴趣的人很快就能全面地吸收和理解。

下一章，我将原样展示我所做的记录，并针对我填入的数据做详细的说明。

第九章　六栏记录手稿交易规则

导　读

主题

手稿中六栏记录的交易规则。

· 先看规则简易图排序，
　再看规则，这样比较容易懂。
· 规则的目的是，过滤避开细
　微波不操作。
　· 通过图示对每条规则进行详
　　细说明。
　· 用案例来检查对应的规则，整理
　　在本章最后面。

微信扫码观看第九章解说视频

操盘心法

利弗莫尔之所以获得巨大的成功，主要是因为他对股市与自己的人性问题做了深入的研究，这是在市场获得成功必须努力的地方。从书中的例子您可以看到每次的交易都会遇到意想不到的困难。在交易过程中，都会面临判断行情及处理仓位的事。如果没有做足功课，深思熟虑，哪有办法迅速做出该调整的事。六栏记录理出来的股票交易规则，就是他为交易机会做足准备的见证。

操盘案例

在本章内文中。

操盘图例

图 9-1 看到 98 元时等同 100 元已达关键点
图 9-2 上升趋势走势的变化图简介
图 9-3 下降趋势走势的变化图简介
图 9-4 规则 1、2、3 的图示
图 9-5 规则 4（a）是从上升趋势栏转记到自然回调栏

图 9-6 规则 4（b）是从自然回调栏转记到自然反弹或上升趋势栏

图 9-7 规则 4（c）是从下降趋势栏转记到自然反弹栏

图 9-8 规则 4（d）是从自然反弹栏转记到自然回调或下降趋势栏

图 9-9 规则 5（a）是从自然反弹栏转记到上升趋势栏，规则 5（b）类同

图 9-10 规则 6（a）是从上升趋势栏转记到自然回调栏，新低持续记录

图 9-11 规则 6（b）从自然反弹转记到自然回调栏，跌破前低转到下降趋势栏

图 9-12 规则 6（c）从下降趋势栏转记到自然反弹栏，新高持续记录

图 9-13 规则 6（d）从自然回调栏转记到自然反弹栏，突破前高转到上升趋势栏

图 9-14 规则 6（e）从自然回调栏转记到下降趋势栏，规则 6（f）类同

图 9-15 规则 6（g）从自然回调栏转记到次级反弹栏，再到自然反弹栏

图 9-16 关键价位应当以两档股票总计 12 点来计算

图 9-17 从前述规则记录价格，数字下面画两条线是关键点

图 9-18 关键价位是提供买点、卖点参考的位置

图 9-19 关键价位提供判断真假突破的位置

图 9-20 真假跌破点在关键价位的变化

图 9-21 再次测试关键价位的地方是买卖点的参考点

操盘逻辑

利弗莫尔的关键点技巧若能为大家所用，就必须看懂密码的意思。利弗莫尔的关键点是能够用固定方法找出来的，这个在规则里讲得很清楚。但是来到关键点时，并不是每一次都会成功的。如果您要问哪些点属于胜算大的地方？运用利弗莫尔的关键点规则就可以帮您找出来，但胜算大的地方不见得会成功。例如：

（1）"人性出来捣蛋，未到关键点就进场。"操作棉花交易失败，因为他太早出手，导致发生危险。在关键点还没有来之前，就进场，非常危险。

（2）"关键点未到，却能知道它能过关。"操作伯利恒钢铁时，在资金不

足，且不允许有任何闪失的状况下，关键点的位置还没来到，但从价格变动的速度虽已清楚知道一定能越过关键点，也必须缩手不动。

（3）"关键点，不是一定会成功过关的。"安那康达整数关卡交易案例，100元与200元都成功过关，但300元叫却失败。

综上所述，关键点只是一个参考数字。在股市里操作，您总是得找到一个胜算大的参考点来操作。关键点的两大重点是：

（1）关键点是有方法可以计算出来的，这是属于客观的部分。

（2）到了关键点附近，这个关键点到底要如何运用呢？他告诉您，并不是准到一定要用那个关键价位为基准，而是有弹性的，这个弹性是来自于主观判断。简单讲，要找出关键点，并搭配研判关键点的技巧，这才是研究关键点最重要的地方。

您从关键点的例子，可以引发出更多操盘层面思考的重点。例如，投资市场要赚钱，第一个您必须找出规则，这是客观的，这也是利弗莫尔所讲的知识的部分。第二个就是下单技巧。当到了关键点附近，单子到底该怎么下到市场，怎么买怎么卖，怎么止损，这些都包括在主观的意见在里面。所以在整本书里面，能够跟您讲清楚的是规则，而主观意见的判断，只能举例告诉您，但没有办法告诉您怎么个主观法，因为每个人的状况都不一样。所以这里又可以得到三个结论：

（1）如果您运用他的关键点技巧，好好地努力，将来找出适合自己的一套时，他相信您也能像他一样赚到钱，也许还能更多。这意思是说，关键点的交易规则已经给您了，您只要把交易规则好好地研究，研究出主观判断关键点的运用方法时，那您是有机会可以运用的比利弗莫尔还要好。

（2）六栏记录里，可以把规则讲明白。他说他有十几条规则，并举了几个例子，告诉您那是运用了哪一条规则。但他没有办法跟您讲，您要在哪里下单，因为每个人的主观判断是不一样的。他也没办法跟您讲，这里要运用哪一条规则，是连续形态的规则，还是趋势反转的规则。

（3）当股价从30点低点反弹上来，涨了6点时，要跳到长多栏位去记录。按道理，他应该要买进，但他只讲到自己在记录规则时，是用了哪一条规则，换行时，是从哪一行换到哪一行，哪一个地方要画线。他并非说30点涨到36点，达涨6点的关键点就是买点。他只有说，这30点的位置，您要画线，因为这里是关键点。那这个关键点是干什么用的？是将来当股价又回来测试这关键点时，您要准备做动作的地方。很多人在这里弄错了，以为36点这个位置就是下单的位置。以为6点是每一档股票赚钱的标准密码。

重点摘要

（1）寻找转折点，寻找突破点。

（2）寻找连续形态或反转形态。

（3）新的趋势产生，要给一个弹性区间。宝贵的6点与3点。

（4）去除细微波噪声。

（5）根据股价来到关键点的表现，研判趋势强弱。

重磅议题

利弗莫尔的规则，是否开始对您说话了？下面问题与其思考方向，将引导您更了解规则里面的赚钱密码。

重磅议题9-1 六栏记录规则是预测趋势或预测目标值

利弗莫尔运用这些规则，其重点是"预测趋势"还是"预测目标值"？"预测趋势是否会延续"跟"预测目标值会到哪里"，这两种预测本质上是相同吗？

1."何谓预测趋势？何谓预测目标值？"

预测趋势与预测目标值，这两个乍看之下，觉得本质应该是一样的意思，可是您再仔细想想，就知道不一样了。何谓预测趋势？何谓预测目标值？假如目前在上涨，您预测它未来仍然是往上的，这是预测趋势。那如果您预测它会往上，最多只会再涨500点，这是预测目标值。就像火车目前是向南开，您知道它是向南的，但您不知道终点站在哪里，这是预测未来的方向。如果您说终点在哪里，那这就是加了目标值的概念了。

2."预测目标值，有意义吗？"

预测目标值这件事，对操盘手来讲，似乎一点意义都没有。因为即便知道股价最终会走到某个价位，但您不知道它何时会到，更不知道它会用什么样的震荡方式到达目标，震荡过程中的波动是否远远超过自己所设的止损点。操盘手经常错在预测目标值这件事上面。错在操作的是自己心中的目标值，而非市场的真正走势。利弗莫尔所谈的运用关键点预测趋势是否会延续，指的是操盘手位于当时的状况，只要注意眼前这个关键点，股价是如何表现的，然后根据股价表现的情况，预测趋势是否还会延续。利弗莫尔的操盘技巧，只需要您判断主趋势是否还在进行中，而其中的关键点技巧，是辅助您研判的工具。

3."利弗莫尔的交易系统包括哪些功能"

利弗莫尔在书中谈到，他建构了他的交易系统。那他的交易系统是什么呢？它包括交易时机，也就是买点卖点在哪里，如何买如何卖，以及如何研判趋势，等等。这些都包括在交易系统里面。交易时机里，细分为关键点技巧、整数关卡操盘、最小阻力线、运用利多利空消息。而这个系统里面，最核心的是关键点系统。所以他以专章来讲关键点这个大的议题。关键点系统里，有趋势延续的"持续关键点"与止盈概念的"反转关键点"。当上涨趋势进行到头部形成、颈线跌破的这个地方，就是反转关键点出现了。在操作端的您，应该要把多单卖掉，并反手做空。

4."止盈系统与目标值"

利弗莫尔的止盈系统跟目标值卖出时刚好是颠倒的。目标值是往上走时，去做卖出动作，而止盈系统是当止涨之后并往下走，才去做卖出动作。也就是当它从高点开始往下走时，要走到某个点之后，才开始做卖出。"目标值"系统就是意图卖在最高点或买在最低点。而"反转关键点"系统则是要等到高点见到了，出现了整理格局之后，最后跌破颈线时，才开始做卖出。所以，从这里您便可以知道，利弗莫尔所讲的系统，是高点出现了之后，就是反转之后，才止盈出场的位置。而这个位置跟目标值运用的方法，正好颠倒。

如果我们讲趋势会持续一直进行，直到它反转为止。那在上涨过程中，持续去推算目标值，就变成颠倒了。因为目标值的概念是涨到某个点位之后，您要开始注意这里是否不涨了就卖。持续关键点是说，如果涨到这里不涨了，您是要注意，但可不是告诉您它已经到了终点站。要耐心等待一直到反转位置出现之后，才能说它是到终点站了。目标值是找最高点与最低点在哪里。关键点技巧则是告诉您，不是在最高点要卖出去。在利弗莫尔的书中，从没有谈到目标值的概念。所以他讲，如果您习惯去预测高点或预测低点，那是很危险的动作。操盘术里讲的重点就在预测趋势而非预测目标值。

5."以利弗莫尔操盘术论述目标值的盲点"

巴菲特运用财报与基本面着手投资，那他有没有使用技术分析？如果从巴菲特的背景资历来看，就知道他是懂技术分析的。但要开始投资时，他用了哪些知识做研判？当然是用他自己整理出来的那一套。读者常问的问题是，利弗莫尔有无可能运用整理格局的高低点价差，来推算突破之后，长期趋势最起码可以再延伸多长？利弗莫尔懂目标值的推算，但问题是他在操作端有运用吗？前面章节已探讨过利弗莫尔不用目标值的概念，这里再补充他曾做过的交易里，有一次谈到卖得太早，最后再买回来。为何会卖得太早？这可能就是因为有目标值的概念。到后来，他遇到外号叫"老火鸡"的同行跟他讲这里是多头市场，不能经常想要先卖一下。还有他在操作棉花时，他手中握有很多的棉花仓位想要卖，但当报纸头条揭露时，他当场就卖掉了所有的棉花。这些案例都没谈到他有目标值的概念，而是只要卖出时机到来，他就卖出了。至于整数关卡操盘术里曾谈到，安那康达突破100元之后，很快就会涨过150元，那取决于经验值，并非目标值的概念。

6."掌握大趋势要用止盈机制"

许多大师都有用目标值的概念在操盘，但利弗莫尔的书里，没写到这部分。学投资、学技术分析，经常会学习如何预测目标值。但您发现，有时因为事先预测了目标值，当股价来到目标值时，您就会把它卖掉，认为操作任务完成。但如果您是学习如何预测趋势，预测趋势是不是还在延续中，就会抱到走完整段趋势。操盘大师利弗莫尔告诉您，这两个观念必须分清楚，因为它攸关您是否学会操作大趋势行情。

重磅议题 9-2 如何运用六栏记录操作主趋势

六栏记录里，利弗莫尔说只操作主趋势，何谓主趋势？我们要如何操作主趋势？

1."操作六栏记录中的主趋势"

利弗莫尔说，我是操作主趋势。这里所讲的主趋势，指的是哪种趋势？

是市场的最低点到最高点吗？还是利弗莫尔眼中的波段起涨与结束的位置？或者他是指某个价位，它正处于短中长期一致的那个位置？没有一个人能掌握整个波段。就像2008年的金融风暴之后，起涨至今，已走了14年的多头趋势。您认为主趋势在哪里呢？这段时间如果您有顺势进场做多，那请问您操作的主趋势周期又是什么呢？这里告诉我们的重点是，要如何运用这关键点的技巧操作主趋势。

假如您操作的是日线，那关键点可以在分时线里寻找。如果您操作的是周线，那日线或小时线都可让您找到关键点。运用的走势有大中小波段的概念，然后进行分解，从大小波段里找出各种关键点，这就是利弗莫尔操盘术的经典所在。

再从另一个角度来谈何谓主趋势。当交易的品种不同，定义的短中长期的趋势都不一样。就像做期权或基金，这两种交易品种的长期趋势，其周期就不一样了。另外一种情况是跟您的主观意识判断有关系。所以若属于主观非客观的领域，就没有办法讲清楚了，因为每个人的答案不同。所以操盘手是可以依据自己的意思把它定义清楚就可以了。

在利弗莫尔的六栏记录里，他就定义主趋势是在长多或长空的架构。当行情走在主趋势里时，他可以在场外耐心等待，顺势操作整数关卡的突破行情，也可以分批买进主流股，然后持续加码。换言之，这里所讲的操作主趋势，其实是顺势操作。当趋势向上，来到自然回调的位置，您不要在自然回调的地方去放空，而应该等行情再度上涨时，再次跟主趋势接轨时，再进场操作做多。这就是操作主趋势的意思。

2. "在主趋势里的股票，利弗莫尔如何选股与决定进场时机"

当股票已记录在主趋势里，并持续进行时，这并非代表利弗莫尔手中有该股票。有可能是该股票转为题材股时，或有小道消息时，他看到市场参与者有偏差行为时，这可能成为他操作的标的。

以一位读者问的这个案例来看，他进场操作的位置是整数关卡100元的位置，而不是从底部一路抱上来的。接着，当利弗莫尔说伯利恒在60元开始涨时，就已经很想买了，但因为不能止损、不能试单、不能赔钱，所以耐心地等到股价来到98的位置，意指即使买在主趋势里面，还是有机会赔钱的。行情趋势出来时都能买，但操作主趋势，并不等同保证一定赚。

在主趋势里面买，股价走势基本上就是沿着最小阻力线进行。最小阻力线产生时，基本上就能买了。在主趋势里，最小阻力线产生时买进，会不会有风险？有的。所以利弗莫尔在这个位置买进，还是要试单，以及设止损。换言之，在主趋势的地方，是每个位置都能买的地方，但重点是要去找让您一进场之后的那个位置，价格能快速脱离买进价格。利弗莫尔操盘术的另一个重点是："即便是行情会上涨，还得选一个上涨幅度大、速度快的地方进场。"整数关卡的操盘术，就是价格在短期内的上涨幅非常惊人的地方。

3."有操作，就有记录"

从过去的两个案例，可得知利弗莫尔是如何记录的。利弗莫尔的朋友问他："百灵顿铁路股可以买吗？"他翻开了自己手记的小册子，发现那股票的确可以买。所以他在做交易记录之前，一定还有做交易计划，而交易计划里面，在后期已针对股票走势做了六栏记录。另外，从操作端来看，则是只要已经在操作的股票，就一定要记录。利弗莫尔曾说："我对咖啡豆的走势已经注意一段期间了。"这意思就是已经做六栏记录有一段时间了。是不是每一档都这样记录？有操作的，一定有记。没有操作的，可能会先做交易计划。那是不是所有台面上的股票，每一档都做记录？当然不是，因为档数太多了。那有没有可能没有操作的，也列入记录？那是有可能的。

重磅议题 9-3 如何运用六栏记录的关键点

六栏记录里，没有谈到利弗莫尔在哪里进场操作，而只有记载关键点。针对六栏记录的规则，读者最常问的问题是哪些？

1. 会涨的股票太多，如何运用六栏规则选股？

在大多头的趋势中，很多股票都会涨，过程中也都会自然回调或自然反弹，如果照他的规则，要找出连续关键点没那么难。但问题是符合这些条件的股票太多了，那他如何选标的？他可能将每一只会涨的股票都这样做记录吗？这跟选股的能力有关。因此想知道他是每一只股票都记录，还是锁定目标之后才记录？

2. 看到某个价位，怎知它就是在主趋势里？

如果以他讲过的伯利恒钢铁案例来看，股价涨到98元，等同100元已过关的例子，那应该是在哪一个栏位所记载的情况？这98与100应该都是在主趋势了吗？

3. 看到 98 元等同 100 元已达关键点的判断原理

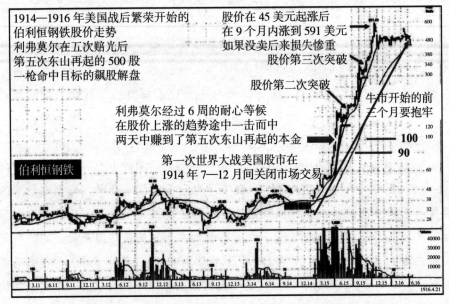

1912 年 9 月—1916 年 4 月，伯利恒钢铁的股价周 K 线走势图

图 9-1　看到 98 元时等同 100 元已达关键点

　　图 9-1 中，本应买进的位置应该是在过了 50 元之后，因为那是一个好几年的大底整理吼形成的位置。大底突破之后，主趋势已形成，是能买的位置。利弗莫尔在哪里买？他是在主升段发动之后，要攻上整数关卡的位置买的。在暴涨的位置中买进。用现在的语词来说，那是每天都长阳与高量的位置。用波浪理论的概念来说，那是在短中长期都在主升段的位置，也就是短线、中线、长线都是第三波的位置。这个位置是很多法人会持续买进的位置。如果以 98 元等同 100 元过关的这个案例来说，股价走势是："股价过了 90 元之后的走势是连续 10 根长阳 K 线，而 90 元之前的涨势则是从 60 元开始就持续地慢慢地涨。"利弗莫尔就是在连续长阳的位置买进的。在 90 元之后的涨势，已经进入涨幅扩大的阶段。这个案例在六栏记录时，已经在上升趋势栏内记录一段期间了。

　　4. 整理格局的幅度，是未来赚赔比例的参考点吗?

　　有一种做法是股价在整理区间一段时间之后，突破了，一般会以整理区间幅度的一倍去预估目标值来估算利润。利弗莫尔有无可能是运用自然反弹与自然回调之间的幅度去推估回归主趋势时的基本涨幅？另外，他是如何设止损点？如果不预测基本的涨幅满足点，依赚赔比例对了才操作的原则，那怎么知道这个位置是值得试一试的地方呢？

5. 利弗莫尔操盘术是亏损极小值，利润极大化

利弗莫尔如何计算利润与风险的比例来看对错？算好止损点再进场，预先盘算最多要亏多少。利润如何计算呢？他说："我第一笔买进之后，那是测试单，如果不对，我就止损。""我第一笔买进之后，如果是对的，我会持续做加码的动作。"涨势的过程中，您要做好几次的加码，但他又不设目标值。若是这样，那要如何推估利润是多少？

从这里可以看出，利弗莫尔无法清楚地表达利润与风险的比值到底是多大时才可以买进，只要第一次买进之后，没有碰到止损的位置，随后只要股价持续往上走，那就绝对赚的会比赔的多，而且只要抱得住又持续加码，那就一定赚了。

利弗莫尔谈利润是谈止盈的概念。行情涨上去之后，如果开始回调了，我应该在哪里出场。交易时机里面的"胜算大"这句话，远比赚赔比例这句话还更重要。因为投资报酬是无法先算出来的，因为市场表现不佳时，您一点办法也没有。所以就没有能算出来赚多少的答案。在回忆录与操盘术里面，没有看到赚赔比例的概念。因为只要止损没有被触及，这一笔交易就一定是赚的。关键点技巧是引导操盘手该在胜算大的地方下手。技巧的重点是：我在哪里下手的赚钱概率比较大，而不是去计算赚赔比例是多少时才进场。

6. 利弗莫尔操盘术，如何设定止损

利弗莫尔如果没推算目标值，那止损是如何选定？第一种情况是：亏损的极限是10%，一成。第二种情况是：止损的位置是依照关键点技巧里面的反转关键点出现时。第三种情况是：上涨回调，当回调的低点往上走时，达到3点时我就做买进，那如果跌破低点达3点时，我就止损。这些都是非常明确的止损方法。但很多时候，他的止损并不是用上面这三种方法。第四种情况就是：不如预期就止损了。

7. 不如预期有哪些问题？

利弗莫尔认为对趋势预设目标值容易造成操作上的大忌，经常想先落袋为安。那他说的当股价走势不如预期，应二话不说，赶紧退场，这又是什么

意思呢？价格不动，是不如预期吗？涨一点，涨两点，是不如预期吗？当股价没有快速突破利弗莫尔的关键点位置，是不如预期吗？时间止损技巧，是应用在当时间不如预期发生时。

8. 利弗莫尔谈不如预期的经验

价格与时间，是不如预期时研判的重点。不如预期，时而跟价格有关，时而跟时间有关。利弗莫尔的经验谈：

A."价格不如预期时，但多一点时间耐心等待。"旧金山大地震之前，他去放空，但一开始都没有跌，直到地震发生之后的几天，市场才开始反应。为何他这时不在行情没有跌时，就喊不如预期该先出场一趟，而是多给市场一点时间？因为股价不是一开始就讲真话。

B."价格不如预期时，就执行时间止损。"有一次操作棉花，但因为太早进场，棉花一直都没有突破关键点往上涨，所以不如预期，就止损了。这样的行为，在短期内，止损了好几次。止损机制只谈价格没有表现，就出场了。这说明在他进场之后，股价表现为：不但没有人一起共享盛举，还反遭打压。市场的共识还没产生，故应该要退场。因此运用基本行情操作时，也需要将时间因素纳入考虑，否则您即便是看到满山满谷的黄金，最终还是没能将黄金带走，更糟的是自己还摔得粉身碎骨。

C."突破之后，马上遇到压力，这是执行时间止损，还是价格止损。"如果"突破后就买进"，不管未来到底能涨多少，那如果突破之后，马上就会遇到大压力点，难道也要买吗？若是这么操作，就有可能赔在整理区间尚未结束的假突破位置。

D."不如预期，应退场。"不如预期，指的是进场时，对股价走势有一定的看法，根据这个看法进场操作。但走势在关键点位置的表现，是否都有其像样的走势，这是他研判是否出场的时机。可以运用基本行情、个股题材、利多利空等消息，对股价走势产生看法，但进场之后，股价在每个关键点的表现，透露着市场参与者的行为与想法，唯有自己就是站在市场那一边，才是符合预期的。所以即便是看似"不如预期"这么简单的几个字，也蕴藏着许多的操作哲理与应对方法。看似简单，其实不简单。

下面我们进入《股票大作手操盘术》第九章正文。

齐克用注解:

利弗莫尔手稿中利用了这章中的规则来研判:

- 上升趋势与下降趋势的延续性
- 头部关键点:分成两种,反转形态与连续形态突破高点
- 底部的关键点:分成两种,反转形态与连续形态破低点
- 真假突破的情况

从关键点来判断是反转还是再涨一级

以下是规则简易图排序:

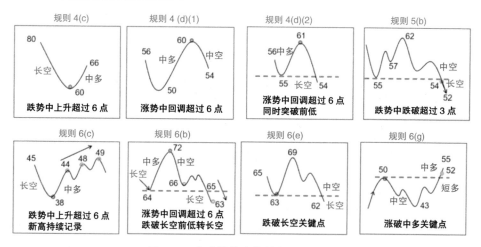

图 9-2 上升趋势走势的变化图简介

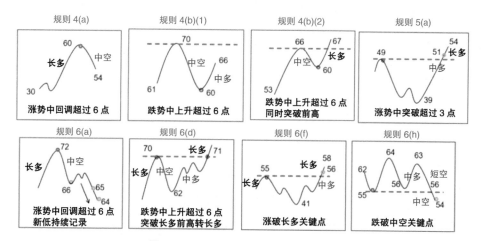

图 9-3 下降趋势走势的变化图简介

规则说明：

规则 1：上升趋势栏位，用黑笔记录。

规则 2：下降趋势栏位，用红笔记录。

规则 3：其余四个栏位，用铅笔记录。

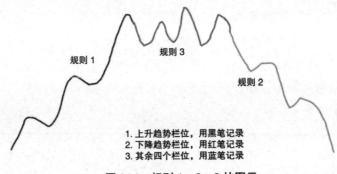

图 9-4　规则 1、2、3 的图示

齐克用注解：

　　规则 1 是长多，规则 2 是长空，规则 3 是短多、中多与短空、中空。利弗莫尔只操作长多与长空栏位。

　　规则 4（a）：当您开始在自然回调栏中记录价格的第一天，在上升趋势栏中您最后记录的价格下方画红线。当股价从上升趋势栏中记录的最后价格下跌大约 6 点时，开始执行此操作。

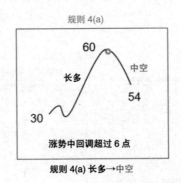

图 9-5　规则 4（a）是从上升趋势栏转记到自然回调栏

规则 4（b）：当您开始在自然反弹或上升趋势栏中记录价格的第一天，在自然回调栏中记录的最后价格下方画红线。当股价从自然回调栏中记录的最后价格上涨大约 6 点时，开始执行此操作。

现在您有两个关键点需要关注，根据市场在这两点附近的表现，您就能形成自己的判断，到底原有的趋势确实即将恢复，还是行情已经结束。

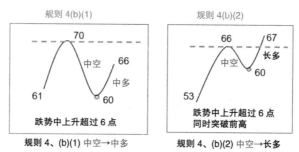

图 9-6 规则 4（b）是从自然回调栏转记到自然反弹或上升趋势栏

齐克用注解：

规则 4（b）分成两种，自低点上涨 6 点未达前高是规则 4（b）（1）中空→中多，超过前高是规则 4（b）（2）中空→长多。

规则 4（c）：当您开始在自然反弹栏中记录价格的第一天，在下降趋势栏中最后记录的价格下方画黑线。当股价从下降趋势栏中记录的最后价格上涨大约 6 点时，开始执行此操作。

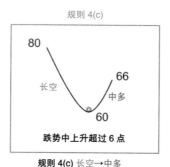

图 9-7 规则 4（c）是从下降趋势栏转记到自然反弹栏

规则4（d）：当您开始在自然回调或下降趋势栏中记录价格的第一天，在自然反弹栏中记录的最后价格下方画黑线。当股价从自然反弹栏中记录的最后价格下跌大约6点时，开始执行此操作。

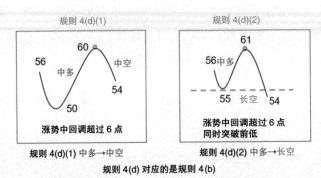

图9-8　规则4（d）是从自然反弹栏转记到自然回调或下降趋势栏

齐克用注解：

规则4（d）分成两种，自高点下跌6点未达前低是规则4（d）（1）中多→中空。跌破前低是规则4（d）（2）中多→长空。

规则5（a）：如果您正在自然反弹栏中记录价格，而最新的价格比自然反弹栏内用黑线标注的最后一个价格高3点或更多，这时您应该将此价格用黑笔记入上升趋势栏内。

规则5（b）：如果您正在自然回调栏中记录价格，而最新的价格比自然回调栏内用红线标注的最后一个价格低3点或更多，这时您应该将此价格用红笔记入下降趋势栏内。

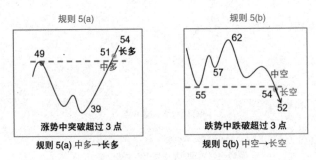

图9-9　规则5（a）是从自然反弹栏转记到上升趋势栏，规则5（b）类同

规则6（a）：如果您一直在上升趋势栏中记录价格，有一天出现了大约6点的回调，这时您应该转到自然回调栏中记录这些价格，而且此后每一天，只要该股票的价格低于自然回调栏中最后记录的价格，就继续在该栏位记录。

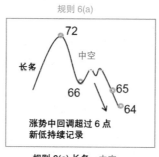

图9-10　规则6（a）是从上升趋势栏转记到自然回调栏，新低持续记录

规则6（b）：如果您一直在自然反弹栏中记录价格，有一天出现了大约6点的回调，这时您应该转到自然回调栏中记录这些价格，而且此后每一天，只要该股票的价格低于自然回调栏中最后记录的价格，就继续在该栏位记录。如果该股票的价格低于下降趋势栏中最后记录的价格，就继续在下降趋势栏内记录。

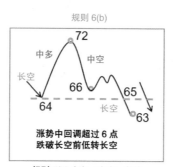

图9-11　规则6（b）从自然反弹转记到自然回调栏，跌破前低转到下降趋势栏

规则6（c）：如果您一直在下降趋势栏中记录价格，有一天出现了大约6点的反弹，这时您应该转到自然反弹栏中记录这些价格，而且此后每一天，只要该股票的价格高于自然反弹栏内最后记录的价格，就继续在该栏位记录。

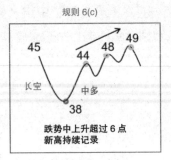

规则 6(c)

跌势中上升超过 6 点
新高持续记录

规则 6(c) 长空→中多
规则 6(c) 对应的是规则 6(a)

图 9-12　规则 6（c）从下降趋势栏转记到自然反弹栏，新高持续记录

规则 6（d）：如果您一直在自然回调栏中记录价格，有一天出现了大约 6 点的反弹，这时您应该转到自然反弹栏中记录这些价格，而且此后每一天，只要该股票的价格高于自然反弹栏内最后记录的价格，就继续在该栏位记录。如果该股票的价格高于上升趋势栏中最后记录的价格，就继续在上升趋势栏内记录。

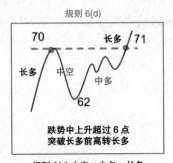

规则 6(d)

跌势中上升超过 6 点
突破长多前高转长多

规则 6(d) 中空→中多→长多
规则 6(d) 对应的是规则 6(b)

图 9-13　规则 6（d）从自然回调栏转记到自然反弹栏，突破前高转到上升趋势栏

规则 6（e）：当您开始在自然回调栏记录价格时，如果出现价格低于下降趋势栏内最后记录的价格，则应当将此价格用红笔记录在下降趋势栏内。

规则 6（f）：与上述规则相同，当您开始在自然反弹栏记录价格时，如果出现价格高于上升趋势栏内最后记录的价格，则停止在自然反弹栏的记录，而将此价格用黑笔记录在上升趋势栏内。

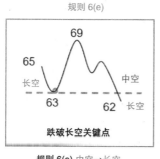

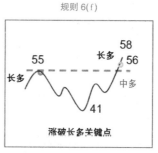

规则 6(e) 中空→长空

规则 6(f) 中多→长多

图 9-14　规则 6（e）从自然回调栏转记到下降趋势栏，规则 6（f）类同

规则 6（g）：如果您在自然回调栏中记录价格时，出现了一个比此栏位最后记录的价格高约 6 点的弹升，但此价格并没有超过自然反弹栏内最后记录的数字，这时您应该将此价格记录在次级反弹栏内，此后持续在此栏位内记录，直到最新成交价格超越了自然反弹栏内最后记录的数字。当这种情况发生时，您应该再度回到自然反弹栏内记录价格。

规则 6（h）：如果您在自然反弹栏中记录价格时，出现了一个比此栏位最后记录的数字低约 6 点的回调，但此价格并不低于自然回调栏内最后记录的数字，这时您应该将此价格记录在次级回调栏内，此后持续在此栏位内记录，直到最新成交价格低于自然回调栏内最后记录的数字。当这种情况发生时，您应该再度回到自然回调栏内记录价格。

规则 7：同样的规则也适用于记录关键价格，不过这里以两只股票 12 点，而不是单一个股 6 点为基础。

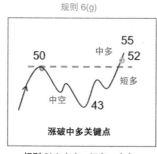

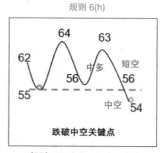

规则 6(g) 中空→短多→中多

规则 6(h) 中多→短空→中空

图 9-15　规则 6（g）从自然回调栏转记到次级反弹栏，再到自然反弹栏

规则8：一旦您开始在自然反弹或自然回调栏中记录价格，那么下降趋势或上升趋势栏内最后记录的价格就会成为关键点。在反弹或回调结束之后，您要在反向的栏位中重新开始记录，而前一个栏位中记录的极端价格则成为另一个关键点。当这两个关键点形成之后，这些记录才具有了极大价值，可以帮助您正确预测下一个重大走势。为了引起您的注

日期	星期	美国钢铁	伯明罕钢铁	关键价	（关键价）/2
1938/6/25	星期六	54.875	58.125	113	56.5
1938/6/27	星期一	55	59	114	57
1938/6/28	星期二	55	60	115	57.5
1938/6/29	星期三	56.875	60.125	117	58.5
1938/6/30	星期四	58.375	61.625	120	60
1938/7/1	星期五	59	62	120.625	60.3125
1938/7/2	星期六	60.875	62.5	125.375	62.6875
1938/7/4	星期一	60	62	125	62.5
1938/7/5	星期二	60	61.5	125	62.5
1938/7/6	星期三	60	61.25	125	62.5
1938/7/7	星期四	61.75	60	124.25	62.125
1938/7/8	星期五	60	59	122	61
1938/7/9	星期六	58	58	114	57
1938/7/11	星期一	55.625	56.75	112.375	56.1875
1938/7/12	星期二	55.5	57	112.25	56.125
1938/7/13	星期三	55.5	58	114	57
1938/7/14	星期四	57	59	115	57.5
1938/7/15	星期五	58	60	116	58
1938/7/16	星期六	59	61	117	58.5
1938/7/18	星期一	60	62	120	60
1938/7/19	星期二	62.375	63.125	125.5	62.75
1938/7/20	星期三	62.5	63	126	63
1938/7/21	星期四	62.5	62	126	63

图9-16 关键价位应当以两档股票总计12点来计算

意，这些关键点的下方画有双红线或双黑线。画线的目的就是要将这些关键点清楚地呈现在您眼前，只要最新价格来到或接近这些点附近，都应该非常仔细地观察。您的决策将取决于此后的价格记录。

规则9（a）：当您在下降趋势栏中看到用红笔记录的最后价格下方标注了黑线时，很有可能这就是要您在这个点附近买进的信号。

规则9（b）：当您在自然反弹栏看到某个价格下方标注黑线时，如果该

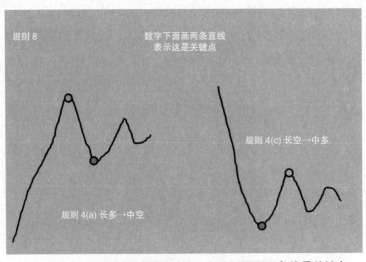

图9-17 从前述规则记录价格，数字下面画两条线是关键点

194

股票在下一次反弹来到该关键点附近，这时您要判断市场是否足够强劲可以转换到上升趋势栏。

规则9（c）：当您看到上升趋势栏中记录的最后价格下方标注红线，以及自然回调栏中记录的最后价格下方标注红线时，情况正好相反。

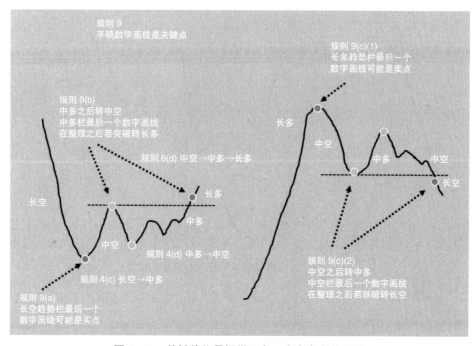

图9-18 关键价位是提供买点、卖点参考的位置

规则10（a）：这一套方法的目的在于使人们能够清楚地看到，某只股票在第一次自然反弹或自然回调发生后，是否按照其应有的方式表现。如果市场走势确定恢复，那么无论是向上还是向下，它都会越过前一个关键点——个股需要3点的幅度，关键点则需要6点。

规则10（b）：如果该股票未能做到这一点，而且在回调过程中价格下跌到最后一个关键点（记录在上升趋势栏中，数字下方画红线）之下3点或更多，则表明该股票的上升趋势已经结束。

规则10（c）：将上述规则应用于下降趋势：如果下降趋势将确定恢复，那么在自然反弹结束之后，新价格必须跌到最后一个关键点（数字下方画黑线）之下3点或更多，而新价格将记录在下降趋势栏内。

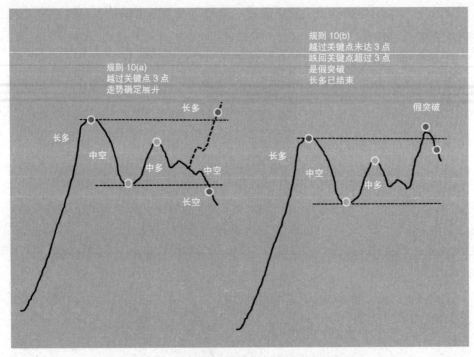

图 9-19　关键价位提供判断真假突破的位置

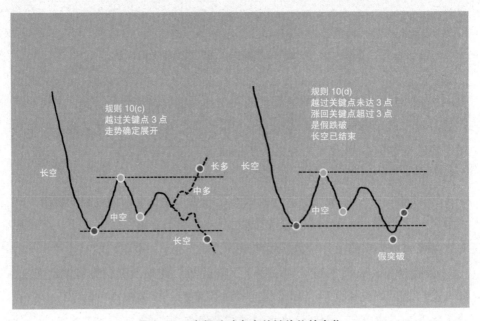

图 9-20　真假跌破点在关键价位的变化

规则 10（d）：如果该股票未能做到这一点，而且在反弹过程中价格弹升到最后一个关键点（记录在下降趋势栏中，数字下方画黑线）之上 3 点或更多，则表明该股票的下降趋势已经结束。

规则 10（e）：当您在自然反弹栏中记录价格时，如果反弹行情在上升趋势栏中最后一个关键点（下方画红线）下方一小段距离处结束，而且股票从该价位回落 3 点或更多，这就是一个危险信号，表明该股票的上升趋势可能已经结束。

规则 10（f）：当您在自然回调栏中记录价格时，如果回调行情在下降趋势栏中最后一个关键点（下方画黑线）上方一小段距离处结束，而且股票从该价位弹升 3 点或更多，这就是一个危险信号，表明该股票的下降趋势可能已经结束。

齐克用注解：

以下使用本书的第一章为例子，以规则与案例的陈述方式，说明"关键点的表现，是我买进与卖出的理由"。读者可以采用同样的模式，用案例来检查对应的规则，在第二章之后加以练习。

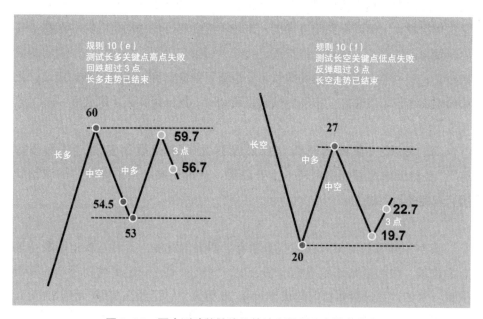

图 9-21　再次测试关键价位的地方是买卖点的参考点

第一章的规则与案例如下：

一、规则："以六栏记录做观盘重点及印证想法，耐心等待关键点启动"

案例：市场沿着一个趋势进行并持续了一段时间，此时一则利多或利空消息对市场都产生不了作用。这个时候，市场可能已经处于超买或超卖的状态，在这样的情况下，市场多半会对这则消息视而不见。对投机者来说，市场在相似条件下的历史演变记录，就具有不可估量的参考价值。此时，您必须完全摒弃个人意见，将注意力全部投注在市场本身的表现。市场永远不会错，但个人意见则常常是错的。对投资者或投机者来说，除非市场按照您的想法运行，否则个人意见一文不值。今日，没有任何人能够号令市场的起落。您可能对某只股票有自己的看法，认为这只股票将有显著的上涨或下跌走势，而且您的判断也是正确的。尽管如此，您依然有可能赔钱，因为您可能过早地将自己的判断付诸行动。相信自己的想法是正确的，并且立即采取行动的结果，往往落得这样的下场：在您刚进场，市场就往相反的方向走。市场变得越来越沉闷胶着，您也越来越厌烦而出场。或许过了几天，行情走势又符合您的预判，于是您再次投入，但就在您刚进场后，市场再度往相反的方向走。这一次您又开始怀疑自己的看法，并且卖掉持股。终于，行情启动了。但是，由于两次的错误行动，您可能没有再进场的勇气了，也有可能您已经把钱投到别的股票，无法再增加仓位了。总之，市场行情真正启动时，您已经失去了机会。

二、规则："在自然回调与自然反弹之间来回震荡多次，要耐心等待""自然反弹是否能顺利转入上升趋势，从价格波动至关键点时的波动状况，决定是否买进"

案例：如果您对某只或某些股票有了明确的看法，千万不要迫不及待地急着进场。耐心观察该股票的市场表现，伺机而动，一定要找到根本的判断依据。例如，某只股票目前的成交价是 25 美元，它已经在 22 美元到 28 美元的区间里徘徊相当时间了，而您认为这只股票终将攀升到 50 美元。此时，您必须有耐心，一定要等这只股票活跃起来，等它创新高，大约 30 美元左右。只有到了这个时候，您才能知道您的想法已经被证实了。这只股票一定非常强劲，否则根本不可能达到 30 美元。只有该股票出现这些变化后，我们才能断定它很可能正处于大幅上涨的过程中，而现在才是您证实自己看法的时候。要是您没有在 25 美元时买进，绝不要感到懊恼。如果您真的在 25 美元就买进，那么结局很有可能因为您等得不耐烦，早在行情发动之前就已经抛掉了持股，而由于您是在较低的价格卖出，您也许会悔恨交加，因此等到应该再次进场时，却没有买进。

三、规则："转入上升趋势时，持续有新高，表示趋势还在进行中，这是不用出场的""转入上升趋势之后，出现回调，应注意股价变化，是自然回调，还是上升趋势的最后高点是危险信号，应卖出"

案例：您在 30 美元的价位买进了一只股票。第二天，它很快地上涨到 32 美元或 32.5 美元。这时您害怕了，如果不立刻获利了结、落袋为安，明天恐怕一切都将化为乌有，于是您卖出股票，带着那小小的一笔利润出场，而此时正是您应当享有人世间所有希望的时刻！为什么您要担心前一天还不存在的两美元利润呢？如果您一天就能赚 2 美元，那么隔一天您可能再赚 2 美元或 3 美元，下一周或许可能再赚 5 美元。只要这只股票表现正确，市场也正确表现，就不要急于实现获利。您知道自己是对的，因为如果错了，您根本不会有利润。让利润自行发展吧，也许它终将成为一笔很可观的利润，只要市场的表现不会引起您担心，那就勇敢地坚持自己的信念，紧紧抱牢股票。另一方面，假设您在 30 美元买进某只股票，第二天它跌到了 28 美元，账面上出现 2 美元的损失。您也许不会担心隔天这只股票可能继续下跌 3 美元或更多。是的，您毫不担心，您会认为这只是一时的反向波动，相信隔天它就会回到原来的价位。然而，这正是您应该担心的时候。在这 2 美元的损失之后，有可能雪上加霜，隔天再下跌 2 美元，在接下来的一周或下半个月可能再下跌 5 或 10 美元。此时正是您应该害怕的时候，因为如果您没有止损出场，稍后您可能会被迫承受更大的损失。此时您应当卖出股票来保护自己，以免亏损越滚越大。

四、规则："股价如果来到关键点位置，却没有快速突破，可能是时机尚未成熟，应该卖出股票""波段可以不停地往上延伸"

案例： 如果我采用的某个准则是我自己最爱的，我当然知道结果应该是如何。如果我买的股票没有如我预期的那样表现，我立即可以断定时机尚未成熟，从而抛售股票。也许几天之后，我的指标指示我应该再度进场，于是我再次买进股票，这次可能是百分之百正确的。我相信，只要愿意投入时间和心血研究价格波动，任何人都能够发展出一套自己的判断准则，而这些准则将在他未来的投机或投资操作中发挥作用。

当一只股票的价格开始下跌时，没有人知道它会跌多深。同样的，在主要上涨行情中，也没有人知道它的最终顶部在哪里。下面几项要点您必须牢记在心，其中之一，绝不要因为股价看起来过高而卖出。您也许看着一只股票从10美元涨到50美元，就认定它的价格已经高得太离谱了。此时，我们应当研究判断，有没有什么因素可能阻止它在公司获力良好、管理完善的情况下，股价从50美元开始继续上涨到150美元。很多人看到某只股票已经历了长期的上涨行情，认为它的价格似乎太高了，于是放空这只股票，结果赔光了本金。

五、规则："上升趋势转自然回调，再转自然反弹，突破上升趋势时，再买进"

案例： 如果知道我的交易方式，很多人可能会感到惊讶。当我在行情记录上看到某只股票正在展开上升趋势，我会在股价出现正常回调，然后再创新高时立即买进。当我要放空时，也采用同样的方式。为什么呢？因为我顺应当时的趋势，而我的行情记录发出信号，要我采取行动。我绝不在股票回调时买进股票，也绝不在股价反弹时放空。

第十章　实操案例六栏记录手稿

导　读

　　本章是利弗莫尔记录股价找寻关键点的手稿，原稿总共有16个图。因记载方式只有在依规则要记录的状况下记录，也由于并非每日记录价格，故造成绘图时断断续续。为了解决此一问题，必须依第九章规则填入虚拟数字才能制图。

　　本章导读中只谈几个重磅议题。进入本章正文后，将依利弗莫尔的原稿排序，在每张图后插入笔者绘制的图，以辅助判读利弗莫尔的原稿。

操盘图例

图 10-1-0 到图 10-16-3，总共 49 张图。

重磅议题

重磅议题 10-1 六栏记录帮助您监控决策过程

"利弗莫尔的六栏记录，帮助您监控决策过程。"

您买进一只股票，价格翻涨了 5 倍，感觉自己做了一个好决定。您买进一只股票，价格跌到 0，退市了，感觉这是一个糟糕的决策。您开始做健身，1 个月后，体重下降，感觉这个决定非常棒。但如果您练 2 天，脚就扭伤，伤到筋骨，您会感觉这个决定真糟糕。

根据结果的好坏，推论决策的优劣，这是结果偏误，这是结果论。决策的好坏，其实无法一眼就清楚地"看出"。但等事情发生之后，可以清楚看到结果的好坏。"结果论"是将复杂的决策过程，简化为一个简单的方式。

一般的投资人，都是用结果论来看待自己的投资行为。其实决策的质量与结果，当然有关联，但是不完全相关。如果您一直在做决策并做成记录，经过一段时间，您会看到两者之间的关联。从单一结果倒推回去判断决策的好坏，这是从静态去看决策，事实上，在决策的当下，一切都是动态，不确定的。

研究过去的 k 线走势推演过去的涨跌，以为这是一套完美的赚钱工具。事实上，这是拿已知的结果，去推演过去的涨跌。如果您是这样看待投资市场的技术分析，那您是有很严重的错误认知。

如果您明白结果论的盲点，对投资的伤害有多大，可能能帮您看清投资若用静态的心思去看待，必定失败。利弗莫尔的六栏记录，就像棋谱一样，让您看清自己的决策过程，事后仍可以成功扮演让您看清当下的状况，以利做出正确的改进。从错误中学习，从来就不是一件容易的事，而是要有工具与方法。利弗莫尔的六栏记录，就是那个可靠的工具与方法。

重磅议题 10-2 如何运用六栏记录帮您找到关键点

"如何运用利弗莫尔的关键点，是研究这本书的人想破解的关卡。"

读者读完利弗莫尔的操盘术或上完利弗莫尔的课，经常反映这样的问题：

（1）股价从 30 点涨到 36 点，涨幅达到 6 点，就可以记录到长多栏位去。这算是又回到主趋势了。那我是在 30 点买，还是 36 点买？

（2）设计软件的读者问：上面（1）这个案例，是 30 点的位置下买单吗？不可能啊，因为您是看到 36 点，才认为是长多了，那您怎么可能在 30 点就去买了呢？没到 36 点，您根本不知道趋势会反转啊。倘若行情都已经到了 36 点，才知道可以买，那我写程序时，如何让使用者在 30 点就买进？或者应该说，行情都已经涨到 36 点了，我再也无法买到 30 点这个价位，那我怎么可能将这套操盘术写成程序呢？

（3）若照（2）所言，那等到主趋势出来时，已离低点多远了，那要如何操作？

（4）在六栏规则里，提到他要操作主趋势，要去除细微波，才能赚到大钱，但我不可能都不交易啊，毕竟长多的走势需要长达几年的时间才能完成。那该如何运用他的技巧？

（5）在研究利弗莫尔操盘术时，感觉上好像前后说法不一致，有些矛盾了，譬如，他说不要同时操作太多种类，因为无法照顾那么多档，但您看到他举的案例，他除了股票，还做了期货。又譬如说，他讲您不要同时做多股票又有作空的股票，因为这样思绪容易混乱。但您看到他在头部区，有做多的，也有做空的。甚至还有一个例子，他说您只要做主流股就好了，如果您没办法从主流股赚到钱，那您就无法在股市赚到钱。那这是否做多或做空都是操作主流呢？内部人都不买的股票怎么可能是放空的好标呢？这道理说不通。内部人都不买的股票，只说明没有基本的买盘，可不一定是带头往下走的领头羊。

（6）关键点技巧是来预测行情的吗？行情需要预测？

利弗莫尔是用过去的走势找出关键点。我们现在除了依他的方法，还可以运用形态学、波浪理论、费氏系数等推算未来的目标值。关键点到底该怎么运用？您应该先注意他谈关键点是要做什么用的、他做哪一种时间周期的趋势。细微波所产生的关键点，只是要您去注意连续形态或反转形态，这些细微波的关键点是让您来判断，您依主趋势操作时，遇到这些细微波所透露出来的蛛丝马迹，决定要加码，还是减码，或者全部出清。

利弗莫尔说他操作主趋势，但这并不是说他一开始就能知道从这里开始就有一个像样的主趋势。在六栏记录里，主趋势是慢慢堆攒而成的，它必须经历多次的震荡，且通通过关，慢慢被市场参与者认同之后而来的。在这种情况下，他的下单策略是采用倒金字塔的加码方法。也就是一开始，您不知道趋势强度大小，所以您买得少，当趋势越走越远，随着各种细微波的关键点测试过关，您加码累积更多仓位。运用的原理是趋势一旦形成，不会在一天以内就改变。在上涨过程中，所有空手者，都可以运用这细微波的关键点去找到下单的位置，并调整到操作主趋势。换言之，您并不是在细微波里要找到精准的关键点来下单，进而赚到细微波里的价差，而是运用细微波里的关键点，找到进场点，进而去赚到主趋势行情。

如果您是写程序并运用机械式的标准作业执行交易，那又该如何运用呢？

以利弗莫尔的规则来跑程序，标出关键点，这是容易的。但在关键点附近，到底该怎么买，怎么卖，这是主观的研判，这无法用程序标示出来的。这就像可以在走势图上划出趋势线在哪里，但没有办法告诉您股价碰到趋势线时，一定会如何表现。所以，程序能做到的是标出关键点。而来到关键点该怎么做，如果您是采用固定做法，那就变成以"有机会就进场，错了就止损，对了就抱住"的策略去应对。当您这样做久了就会发现，来到关键点，您还是要学会研判，否则止损太多次了，积累下来还是赔光。

当您不可能只交易主趋势，那要如何运用利弗莫尔的六栏记录从事短线交易？其实六栏记录，只是告诉您波段有大小，他操作大的，放弃小的。所以，不管您操作哪一种等级的交易，只要秉持"操作大波段，放弃小的"原则，任何等级的波动，一定都可以再往下细分、拆解。您运用的是六栏记录的精神，而不是只看懂这规则表面的意思而已。

当您想运用关键点，又想能比一般人买在更便宜的位置，那该如何做呢？利弗莫尔讲的关键点只是操作的参考值。最重要的是，这参考点万一不能产生市场共识，股价在这位置的表现是怎样的，进而让您知道自己错了，应该要快速止损脱身。如果您想在关键点之前就进场，心态就要调整成如果不如预期时，要尽快离场。若能如此，关键点并非不能往前或往后移动的参考点。

当您阅读操盘术里的案例与通则，感觉前后矛盾，这是怎么一回事呢？

阅读他操盘经验所累积下来的通则、规则、交易心法，其实在心里面您要有利弗莫尔个人操盘的里程时序图。譬如，他在空桶店里，明明都是靠做短线交易赚到钱，为何来到六栏记录又说，只做大波段，不要细微的。当他的资金仓位靠不断做对，财富不断增长，操作规模越来越大，他就只能做大波段，舍弃短线交易。又譬如，当您越来越熟练，知识越来越充足，市场里的任何一个风吹草动，都能为您所运用。当您还是初学者时，没这能耐，但当您已经到达作手等级时，这就容易许多。能操作几档股票，涉足几个市场，端看个人能力。

重磅议题 10-3 看懂手稿中关键点密码的意思

"利弗莫尔的关键点，能为大家所用，但必须看懂密码的意思。"

利弗莫尔的关键点是有固定方法可以去找出来的，这在规则里很清楚。但是来到关键点，并不是每一次都会成功的。简单讲，如果您要问哪些点属于胜算大的地方？利弗莫尔的关键点规则，可以帮您找出来。但这些胜算大的地方，不见得会成功。譬如说：

（1）"人性出来捣蛋，撇开关键点"：操作棉花交易失败，因为他太早出手，导致危险发生。在关键点还没有来之前就进场，非常危险。

（2）"关键点未到，却能知道它能过关"：在资金不足、不允许有任何的闪失状况下，关键点的位置还没来到，但从价格变动的速度虽已清楚知道一定能越过关键点，也必须缩手不动。

（3）"关键点，不是一定会成功过关"：以百元的整数关卡交易案例说明可以过关与不能过关的下单技巧。

综上所述，关键点只是一个参考数字，您在股市里操作，总得找一个参考点来做比较。关键点的两大重点是：

（1）关键点是有方法可以计算出来的，这是属于客观的部分。

（2）到了关键点附近，这个关键点到底要如何运用呢？他告诉您，并不是一定是准到一定要用那个关键价位为基准，有弹性的，而这个弹性是来自于主观判断。简单讲，要找出关键点，并搭配研判关键点的技巧，这才是研究关键点最重要的地方。

您从关键点的例子，可以引发您思考更多操盘层面的重点，例如，投资市场要赚钱，第一个您必须找出规则，这是客观的，这也是利弗莫尔所讲的知识的部分。第二个就是下单技巧。当到了关键点附近，单子到底该怎么下到市场、怎么买怎么卖、怎么止损，这些都包括在主观的意见在里面。所以整本书里面，能够跟您讲清楚的是规则，而主观意见的判断，只能举例告诉您，但没有办法告诉您怎么做主观判断，因为每个人的状况都不一样。所以这里又可以得到三个结论：

（1）如果您运用他的关键点技巧，好好努力，将来找出自己的一套时，他相信您也能像他一样赚到钱，也许还能更多。这意思是说，关键点的交易规则已经给您了，您只要把交易规则好好地研究，研究出主观判断关键点的运用方法时，那您是有机会可以运用得比利弗莫尔还好。

（2）六栏记录里，可以把规则讲明白，他说他有十几条规则，并举了几个例子，告诉您那是运用了哪一条规则。但他没有办法跟您讲，您要在哪里下单，因为每个人的主观判断是不一样的。他也没办法跟您讲，这里要运用哪一条规则，是连续形态的规则，还是趋势反转的规则。

（3）当股价从30点低点反弹上来，达到6点时，要跳到长多栏位去记录，照道理，他应该要买进，但他只讲到我在记录规则时，是用了哪一条规则，换行时，是从哪一行换到哪一行，哪一个地方要画线。他并非说30点涨到36

点，涨幅达6点的关键点就是买点。他只有说，这30点的位置，您要画线，因为这里是关键点。那这个关键点是干什么用的？是将来当股价又回来测试这一关键点时，您要准备做动作的地方。很多人在这里弄错了，以为36这一位置就是下单的位置，以为6点是每一档股票赚钱的标准密码。

重磅议题10-4 六栏记录找到自己的那一套赚钱术

"找到自己的那一套赚钱术。"

利弗莫尔描述他在股市里，针对当时环境的主流板块，做了很多次的记录与改变，最后才走到六栏记录，而交易记录在这时候才让他看清市场的轮廓与股价波动，进而找到正确的市场交易时机。他说他完成了他的操盘系统了。一般人做记录，顶多只追踪个股，简单讲，是收集明牌，寻找买卖标的而已，比较不会去做价格变化的记录与分析，更不懂运用价格波动的幅度来区分大小波段、运用价格波动的速度来研判关键点是否启动。

怎样才能算是一套完整的赚钱操盘术呢？它该具备哪些功能？

交易人最常碰到的操盘经验是：

情境一："突破，买进之后，却遇到假突破，以为下次要看清楚一点再进场，结果是，下一次却是真突破，自己太慢下手了，没有买到。"

情境二："总是在下跌中买进，在上涨时卖出，操作下来的结果是，在下跌中想要买得便宜的经验通通是错的，卖出正在上涨中的股票回头一看，发现自己卖在起涨点。"个别的经验成了自己的绊脚石，干扰实战结果。企图以自己的某次经验或以符合人性的自然反应做成固定法则，当成自己那一套赚钱术，这通通是错误的方法。

利弗莫尔谈到各式各样的关键点被启动的态样，三个重点：

（1）关键点可以依规则找出来，但被启动的关键点是否能成功引发一段像样的行情，这个要个案观察，并靠独立思考、主观判断。它没有固定法则。

（2）依据判断的结果，进场执行之后，还要紧盯市场是否如您预期的。若不如预期，应立刻退场。

（3）交易记录里，有客观的部分，也有主观的部分。您应该要分得清楚哪些是客观的、哪些是主观的。主观的部分是有弹性。他谈到的重点是：想要建构操盘系统，您得先清楚交易过程中，您决策的参考哪些是来自于客观、哪些是主观的。看清这两个方向，不管是建构或改善操盘系统，您才能走在对的方向并随着操盘经验值增加而改善。

只要您交易的时间够久，就能明白，交易过程中，的确是需要规则来帮您达到交易安全，控制风险。您更应知道哪里是无法直接套用规则，需要自己研判。所以您的操盘赚钱术，应包括追踪个股、价格走势、该股与大盘的关系、下单准则、退场机制，以及足以供您日后检讨的记录，等等。随着自己的交易经验，把记录的规格，不断地调整到自己用起来更得心应手，能确实助您赚到钱。若您是这样处理您的操盘系统，就会有勇气去执行。当您勇于运用自己建构的规则"有机会就试，错了就止损，对了就抱牢，并持续加码"的位阶时，恭喜您，您已完成自己的那一套赚钱术了。您的交易记录也开始对您说话了。

下面我们进入《股票大作手操盘术》第十章正文。

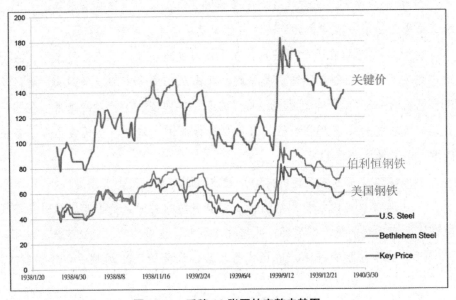

图 10-1　手稿 16 张图的完整走势图

齐克用注解:

手稿 16 张图的完整走势图

手稿图一

从 4 月 2 日开始，将价格记录在自然反弹栏，参考规则说明 6（b）。在下降趋势栏内最后价格下方画两条黑线，参考规则说明 4（c）。

从 4 月 28 日开始，将价格记录在自然回调栏，参考规则说明 4（d）。

图 10-1-1　利弗莫尔手稿图一

齐克用注解：

手稿中当换页时，如何记录？其记录方式，有何意义吗？

当前一页用完之后，把当下所填的数字那一栏的最后关键点与其后面的数字，一并誊写到下一页。这几个数字都不用标日期。如果当下的走势不在主趋势里，应将主趋势的关键点数字一并填写至下一页。简言之，换页时，如有转折点、关键点，都应该誊写到次页的前面五行。下面是逐页说明，誊写到次页的内容。

美国钢铁（U.S. Steel）

★自然反弹栏有两个关键点（$65\frac{3}{4}$ ~ $62\frac{1}{8}$），下降趋势栏有一个关键点（$48\frac{1}{2}$）以及未划线的数字$48\frac{1}{4}$。本页的第一个数字填入下降趋势栏，数字是47。

伯利恒钢铁（Bethlehem Steel）

★上升趋势栏有两个关键点（57 ~ $65\frac{7}{8}$），自然回调栏有两个关键点（$43\frac{1}{4}$ ~ $50\frac{1}{8}$），自然反弹栏有一个未划线数字$56\frac{7}{8}$。本页的第一个数字填入次级回调栏，数字是$50\frac{1}{4}$。

关键价（KEY PRICE）

★上升趋势栏有两个关键点（$122\frac{3}{4}$ ~ 128），下降趋势栏有一个关键点（$91\frac{3}{4}$），自然回调栏有未划线的数字$98\frac{3}{8}$。本页的第一个数字填入自然回调栏，数字是$97\frac{1}{4}$。

日期	星期	U.S. Steel	次级反弹 Secondary Rally (以蓝笔记录)	自然反弹 Natural Rally (以蓝笔记录)	上升趋势 Upward Trend (以黑笔记录)	下降趋势 Downward Trend (以红笔记录)	自然回档 Natural Reaction (以蓝笔记录)	次级回档 Secondary Reaction (以蓝笔记录)
1938/3/23 星期三		47				47		
1938/3/25 星期五		44.75				44.75		
1938/3/26 星期六		44				44		
1938/3/28 星期一		43.625				43.625		
1938/3/29 星期二		39.625				39.625		
1938/3/30 星期三		39				39		
1938/3/31 星期四		38				38		
1938/4/2 星期六		43.5		43.5				
1938/4/9 星期六		46.5		46.5				
1938/4/13 星期三		47.25		47.25				
1938/4/14 星期四		47.5		47.5				
1938/4/16 星期六		49		49				
1938/4/28 星期四		43					43	
1938/4/29 星期五		42.375					42.375	
1938/5/2 星期一		41.5					41.5	

图10-1-2　将利弗莫尔手稿图一转换成清晰表格，并绘图如下图

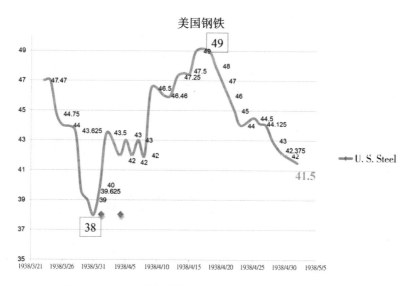

美国钢铁

图 10-1-3　手稿表格转换成走势图，并标示关键价

注解：

（1）如果誊写至次页时，该栏里记录两个关键点，这代表记录该波段的高点与低点。换言之，压力与支撑一目了然。

（2）如果同方向的栏位，都记录两个关键点且每个栏位，这代表大波与小波的主要压力、次要压力、主要支撑、次要支撑。

（3）如果不同等级、不同方向的栏位，有记有关键点，这代表两种波段的转折点。

（4）如果该栏只记一个关键点，之后还有数字但未划线，这表示行情进行在该趋势内，还持续有创新高或新低。如果数字没有划线，是前面一页的最后一个数字。

手稿图二

5月5日至5月21日，没有记录任何价格，因为这期间没有任何新价格低于自然回调栏内的最后价格，也没有足够的反弹幅度值得记录。

5月27日，将伯利恒钢铁的价格用红笔记录，因为这一价格低于下降趋势栏中前一个价位。参考规则说明 6（c）。

6 月 2 日，伯利恒钢铁在 43 美元出现买进信号。参考规则说明 10（c）与 10（d）。同一天，美国钢铁在 42 1/4 美元出现买进信号。参考规则说明 10（f）。

6 月 10 日，将伯利恒钢铁的价格记录在次级反弹栏。参考规则说明 6（e）。

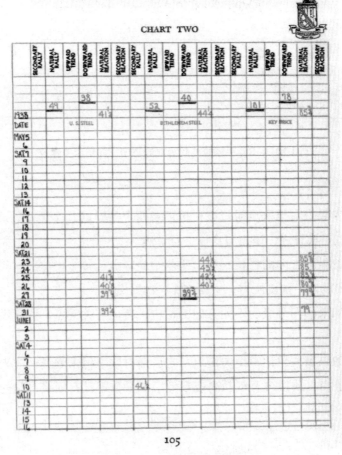

图 10-2-1　利弗莫尔手稿图二

美国钢铁（U.S. Steel）

★下降趋势栏有一个关键点（38），自然反弹栏有一个关键点（49），自然回调栏有一个未划线的数字 41 1/2。本页的第一个数字填入在自然回调栏，数字是 41 3/8。

伯利恒钢铁（Bethlehem Steel）

★下降趋势栏有一个关键点（40），自然反弹栏有一个关键点（52），自然回调栏有一个未划线的数字 44 $\frac{1}{4}$。本页的第一个数字填入在自然回调栏，数字是 44 $\frac{1}{8}$。

关键价（KEY PRICE）

★下降趋势栏有一个关键点（78），自然反弹栏有一个关键点（101），自然回调栏有一个未划线的数字 85 $\frac{3}{4}$。本页的第一个数字填入在自然回调栏，数字是 85 $\frac{5}{8}$。

日期	星期	U.S. Steel	次级反弹 Secondary Rally (以蓝笔记录)	自然反弹 Natural Rally (以蓝笔记录)	上升趋势 Upward Trend (以黑笔记录)	下降趋势 Downward Trend (以红笔记录)	自然回档 Natural Reaction (以蓝笔记录)	次级回档 Secondary Reaction (以蓝笔记录)
1938/5/2 星期一		41.5					41.5	
1938/5/2 星期一		41.5					41.5	
1938/5/25 星期三		41.375					41.375	
1938/5/26 星期四		40.125					40.125	
1938/5/27 星期五		39.875					39.875	
1938/5/31 星期二		39.25					39.25	

图 10-2-2　将利弗莫尔手稿图二转换成清晰表格，并绘图如下图

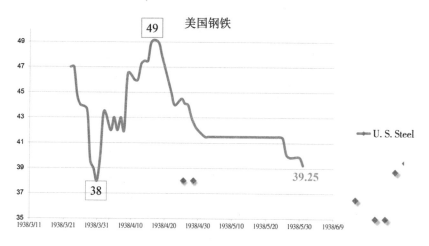

图 10-2-3　手稿表格转换成走势图，并标示关键价

手稿图三

6月20日，将美国钢铁的价格记录在次级反弹栏。参考规则说明6（g）。

6月24日，将美国钢铁和伯利恒钢铁的价格都用黑笔记录在上升趋势栏。参考规则说明5（a）。

7月11日，将美国钢铁和伯利恒钢铁的价格都记录在自然回调栏。参考规则说明6（a）和4（a）。

7月19日，将美国钢铁和伯利恒钢铁的价格都用黑笔记录在上升趋势栏，因为它们的价格都高于该栏内最后记录的价格。参考规则说明4（b）。

图 10-3-1 利弗莫尔手稿图三

美国钢铁（U.S. Steel）

★下降趋势栏有一个关键点（38），自然反弹栏有一个关键点（49），自然回调栏有一个未划线的数字39¼。本页的第一个数字填入在次级反弹档栏，数字是45³⁄₈。

日期	星期	U.S. Steel	次级反弹 Secondary Rally (以蓝笔记录)	自然反弹 Natural Rally (以蓝笔记录)	上升趋势 Upward Trend (以黑笔记录)	下降趋势 Downward Trend (以红笔记录)	自然回档 Natural Reaction (以蓝笔记录)	次级回档 Secondary Reaction (以蓝笔记录)
1938/5/31	星期二	39.25						39.25
1938/5/31	星期二	39.25						39.25
1938/6/20	星期一	45.375	45.375					
1938/6/21	星期二	46.5	46.5					
1938/6/22	星期三	48.5	48.5					
1938/6/23	星期四	51.25		51.25				
1938/6/24	星期五	53.75				53.75		
1938/6/25	星期六	54.875				54.875		
1938/6/29	星期三	56.875				56.875		
1938/6/30	星期四	58.375				58.375		
1938/7/1	星期五	59				59		
1938/7/2	星期六	60.875				60.875		
1938/7/7	星期四	61.75				61.75		
1938/7/11	星期一	55.625					55.625	
1938/7/12	星期二	55.5					55.5	
1938/7/19	星期二	62.375				62.375		
1938/7/25	星期一	63.25				63.25		

图 10-3-2　将利弗莫尔手稿图三转换成清晰表格，并绘图如下图

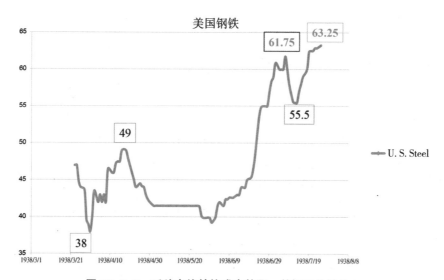

图 10-3-3　手稿表格转换成走势图，并标示关键价

伯利恒钢铁（Bethlehem Steel）

★下降趋势栏有两个关键点（40 ~ 39 3/4），自然反弹栏有一个关键点（52）。本页的第一个数字填入在自然反弹栏，数字是 53 1/4。

关键价（KEY PRICE）

★下降趋势栏有一个关键点（78），自然反弹栏有一个关键点（101），自然回调栏有一个未划线的数字 79。本页的第一个数字填入在次级反弹栏，数字是 93 5/8。

手稿图四

8 月 12 日，将美国钢铁的价格记录在次级回调栏，因为其价格没有低于先前在自然回调栏内记录的最后价格。同一天，将伯利恒钢铁的价格记录在自然回调栏，因为其价格低于先前在自然回调栏内记录的最后价格。

8 月 24 日，将美国钢铁和伯利恒钢铁的价格都记录在自然反弹栏。参考规则说明 6（d）。

8 月 29 日，将美国钢铁和伯利恒钢铁的价格都记录在次级回调栏。参考规则说明 6（h）。

美国钢铁（U.S. Steel）

★上升趋势栏有两个关键点（61 3/4 ~ 63 3/4），自然回调栏有一个关键点是 55 1/2。本页的第一个数字填入在次级回调栏，数字是 56 5/8。

伯利恒钢铁（Bethlehem Steel）

★上升趋势栏有两个关键点（62 1/2 ~ 63 1/8），自然回调栏有一个关键点是 56 3/4。本页的第一个数字填入在自然回调栏，数字是 54 7/8。

关键价（KEY PRICE）

★上升趋势栏有两个关键点（124 1/4 ~ 126 3/8），自然回调栏有一个关键点是 112 1/4。本页的第一个数字填入在自然回调栏，数字是 111 1/2。

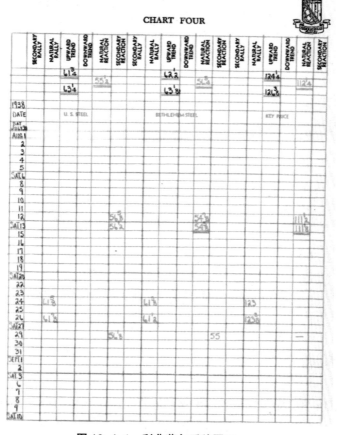

图 10-4-1　利弗莫尔手稿图四

日期	星期	U. S. Steel	次级反弹 Secondary Rally (以蓝笔记录)	自然反弹 Natural Rally (以蓝笔记录)	上升趋势 Upward Trend (以黑笔记录)	下降趋势 Downward Trend (以红笔记录)	自然回档 Natural Reaction (以蓝笔记录)	次级回档 Secondary Reaction (以蓝笔记录)
1938/7/25 星期一		63.25			63.25			
1938/7/25 星期一		63.25			63.25			
1938/8/12 星期五		56.625						56.625
1938/8/13 星期六		56.5						56.5
1938/8/24 星期三		61.625		61.625				
1938/8/26 星期五		61.875		61.875				
1938/8/29 星期一		56.125						56.125

图 10-4-2　将利弗莫尔手稿图四转换成清晰表格，并绘图如下图

217

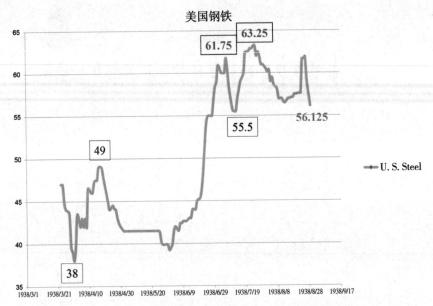

图 10-4-3 手稿表格转换成走势图，并标示关键价

手稿图五

9月14日，将美国钢铁的价格记录在下降趋势栏。参考规则说明5（b）。同一天，伯利恒钢铁的价格记录在自然回调栏。该价格之所以仍然记录在自然回调栏中，是因为它并没有比先前记录的最后价格（下方画红线）低3点。

9月20日，将美国钢铁和伯利恒钢铁的价格都记录在自然反弹栏。美国钢铁请参考规则说明6（c）。伯利恒钢铁请参考规则说明6（d）。

9月24日，将美国钢铁和伯利恒钢铁的价格都用红笔记录在下降趋势栏，它们都是该栏的新价格。

9月29日，将美国钢铁和伯利恒钢铁的价格都记录在次级反弹栏。参考规则说明6（g）。

10月5日，将美国钢铁的价格用黑笔记录在上升趋势栏。参考规则说明5（a）。

10月8日，将伯利恒钢铁的价格用黑笔记录在上升趋势栏。参考规则说明6（d）。

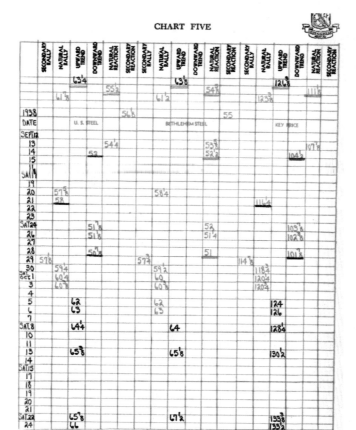

图 10-5-1 利弗莫尔手稿图五

日期	星期	U. S. Steel	次级反弹 Secondary Rally (以蓝笔记录)	自然反弹 Natural Rally (以蓝笔记录)	上升趋势 Upward Trend (以黑笔记录)	下降趋势 Downward Trend (以红笔记录)	自然回档 Natural Reaction (以蓝笔记录)	次级回档 Secondary Reaction (以蓝笔记录)
1938/8/29 星期一		56.125						56.125
1938/8/29 星期一		56.125						56.125
1938/9/13 星期二		54.25					54.25	
1938/9/14 星期三		52					52	
1938/9/20 星期二		57.625		57.625				
1938/9/21 星期三		58		58				
1938/9/24 星期六		51.875				51.875		
1938/9/26 星期一		51.125				51.125		
1938/9/28 星期三		50.875				50.875		
1938/9/29 星期四		57.125	57.125					
1938/9/30 星期五		59.25		59.25				
1938/10/1 星期六		60.25		60.25				
1938/10/3 星期一		60.375		60.375				
1938/10/5 星期三		62			62			
1938/10/6 星期四		63			63			
1938/10/8 星期六		64.25			64.25			
1938/10/13 星期四		65.375			65.375			
1938/10/22 星期六		65.875			65.875			
1938/10/24 星期一		66			66			

图 10-5-2 将利弗莫尔手稿图五转换成清晰表格，并绘图如下图

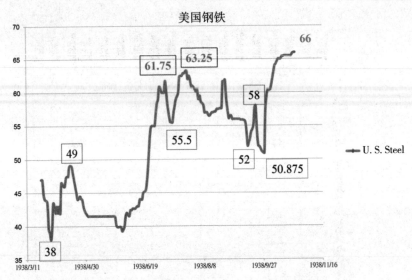

图 10-5-3　手稿表格转换成走势图，并标示关键价

美国钢铁（U.S. Steel）

★上升趋势栏有一个关键点（63 $\frac{1}{4}$），自然回调栏有一个关键点是 55 $\frac{1}{2}$，自然反弹栏有一个未划线数字 61 $\frac{7}{8}$，次级回调栏有一个未划线数字 56 $\frac{1}{8}$。本页的第一个数字填入在自然回调栏，数字是 54 $\frac{1}{4}$。

伯利恒钢铁（Bethlehem Steel）

★上升趋势栏有一个关键点（63 $\frac{1}{8}$），自然回调栏有一个关键点是 54 $\frac{3}{8}$，自然反弹栏有一个未划线数字 61 $\frac{1}{2}$，次级回调栏有一个未划线数字 55。本页的第一个数字填入在自然回调栏，数字是 53 $\frac{5}{8}$。

关键价（KEY PRICE）

★上升趋势栏有一个关键点（126 $\frac{5}{8}$），自然回调栏有一个关键点是 111 $\frac{1}{8}$，有一个自然反弹未画线数字 123 $\frac{3}{8}$。本页的第一个数字填入在自然回调栏，数字是 107 $\frac{7}{8}$。

手稿图六

11 月 18 日，将美国钢铁和伯利恒钢铁的价格都记录在自然回调栏。参考规则说明6（a）。

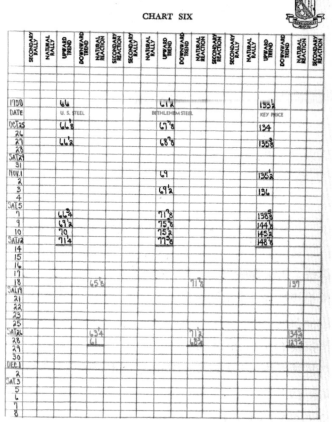

图 10-6-1　利弗莫尔手稿图六

日期	星期	U. S. Steel	次级反弹 Secondary Rally (以蓝笔记录)	自然反弹 Natural Rally (以蓝笔记录)	上升趋势 Upward Trend (以黑笔记录)	下降趋势 Downward Trend (以红笔记录)	自然回档 Natural Reaction (以蓝笔记录)	次级回档 Secondary Reaction (以蓝笔记录)
1938/10/24 星期一		66			66			
1938/10/24 星期一		66			66			
1938/10/25 星期二		66.125			66.125			
1938/10/27 星期四		66.5			66.5			
1938/11/7 星期一		66.75			66.75			
1938/11/9 星期三		69.5			69.5			
1938/11/10 星期四		70			70			
1938/11/12 星期六		71.25			**71.25**			
1938/11/18 星期五		65.125					65.125	
1938/11/26 星期六		63.25					63.25	
1938/11/28 星期一		61						61

图 10-6-2　将利弗莫尔手稿图六转换成清晰表格，并绘图如下图

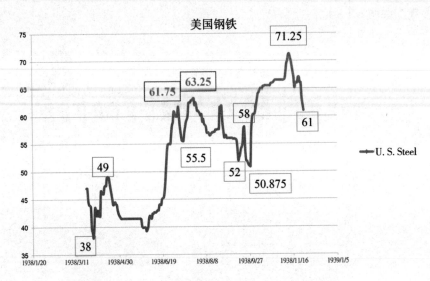

图 10-6-3　手稿表格转换成走势图，并标示关键价

美国钢铁（U.S. Steel）

★上升趋势栏有一个未划线数字 66。本页的第一个数字填入在上升趋势栏，数字是 66 $\frac{1}{8}$。

伯利恒钢铁（Bethlehem Steel）

★上升趋势栏有一个未划线数字 67 $\frac{1}{2}$。本页的第一个数字填入在上升趋势栏，数字是 67 $\frac{7}{8}$。

关键价（KEY PRICE）

★上升趋势栏有一个未划线数字 133 $\frac{1}{2}$。本页的第一个数字填入在上升趋势栏，数字是 134。

手稿图七

12 月 14 日，将美国钢铁和伯利恒钢铁的价格都记录在自然反弹栏。参考规则说明 6（d）。

12 月 28 日，将伯利恒钢铁的价格用黑笔记录在上升趋势栏，因为这个价格高于该栏内记录的最后价格。

图 10-7-1　利弗莫尔手稿图七

日期	星期	U. S. Steel	次级反弹 Secondary Rally (以蓝笔记录)	自然反弹 Natural Rally (以蓝笔记录)	上升趋势 Upward Trend (以黑笔记录)	下降趋势 Downward Trend (以红笔记录)	自然回档 Natural Reaction (以蓝笔记录)	次级回档 Secondary Reaction (以蓝笔记录)
1938/11/28 星期一		61						61
1938/11/28 星期一		61					61	
1938/12/14 星期三		66.625		66.625				
1938/12/15 星期四		67.125		67.125				
1938/12/28 星期三		67.75		67.75				
1939/1/4 星期三		70		70				
1939/1/12 星期四		62.625						62.625
1939/1/21 星期六		62						62

图 10-7-2　将利弗莫尔手稿图七转换成清晰表格，并绘图如下图

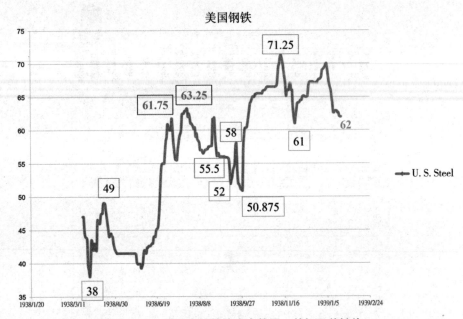

图 10-7-3　手稿表格转换成走势图，并标示关键价

1月4日，根据利弗莫尔法则，市场即将展开另一个趋势。参考规则说明 10（a）和 10（b）。

1月12日，将美国钢铁和伯利恒钢铁的价格都记录在次级回调栏。参考规则说明 6（h）。

美国钢铁（U.S. Steel）

★上升趋势栏有一个关键数字是 71 $\frac{1}{4}$，自然回调有一个关键点是 61。本页的第一个数字填入在自然反弹栏，数字是 66 $\frac{5}{8}$。

伯利恒钢铁（Bethlehem Steel）

★上升趋势栏有一个关键数字是 77 $\frac{5}{8}$，自然回调有一个关键点是 68 $\frac{3}{4}$。本页的第一个数字填入在自然反弹栏，数字是 75 $\frac{1}{4}$。

关键价（KEY PRICE）

★上升趋势栏有一个关键数字是 148 $\frac{7}{8}$，自然回调有一个关键点是 129 $\frac{3}{4}$。本页的第一个数字填入在自然反弹栏，数字是 141 $\frac{7}{8}$。

手稿图八

1月23日，将美国钢铁和伯利恒钢铁的价格都记录在下降趋势栏。参考规则说明5（b）。

1月31日，将美国钢铁和伯利恒钢铁的价格都记录在自然反弹栏。参考规则说明6（c）和4（c）。

美国钢铁（U.S. Steel）

★上升趋势栏有一个关键数字是 $71\frac{1}{4}$，自然回调有一个关键点是61，自然反弹栏有一个未划线的数字是70，次级回调栏有一个未划线数字是62。本页的第一个数字填入在下降趋势，数字是 $57\frac{8}{8}$。

图 10-8-1　利弗莫尔手稿图八

225

日期	星期	U. S. Steel	次级反弹 Secondary Rally (以蓝笔记录)	自然反弹 Natural Rally (以蓝笔记录)	上升趋势 Upward Trend (以黑笔记录)	下降趋势 Downward Trend (以红笔记录)	自然回档 Natural Reaction (以蓝笔记录)	次级回档 Secondary Reaction (以蓝笔记录)
1939/1/21 星期六		62						62
1939/1/21 星期六		62						62
1939/1/23 星期一		57.875				57.876		
1939/1/24 星期二		56.5				56.5		
1939/1/25 星期三		55.625				55.625		
1939/1/26 星期四		53.25				53.25		
1939/1/31 星期二		59.5		59.5				
1939/2/2 星期四		60		60				
1939/2/4 星期六		60.625		60.625				
1939/2/17 星期五		61.125		61.125				
1939/2/18 星期六		61.25		61.25				
1939/2/24 星期五		62.25		62.25				
1939/2/25 星期六		63.75		63.75				
1939/2/28 星期二		64.75		64.75				

图 10-8-2　将利弗莫尔手稿图八转换成清晰表格，并绘图如下图

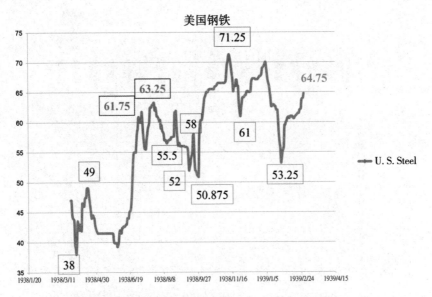

图 10-8-3　手稿表格转换成走势图，并标示关键价

伯利恒钢铁（Bethlehem Steel）

★上升趋势栏有两个关键数字是（$77\frac{5}{8} \sim 80$），自然回调有一个关键点是 $68\frac{3}{4}$，次级回调栏有一个未划线数字是 $69\frac{1}{2}$。本页的第一个数字填入在下降趋势，数字是 $63\frac{3}{4}$。

关键价（KEY PRICE）

★上升趋势栏有两个关键数字是（148 7/8 ~ 150），自然回调有一个关键点是 129 3/4，次级回调栏有一个未划线数字是 131 1/2。本页的第一个数字填入在下降趋势，数字是 121 5/8。

手稿图九

3月16日，将美国钢铁和伯利恒钢铁的价格都记录在自然回调栏。参考规则说明 6（b）。

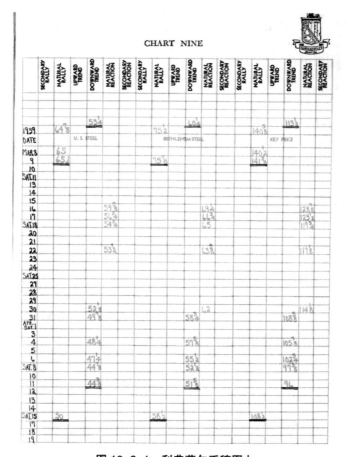

图 10-9-1　利弗莫尔手稿图九

3月30日，将美国钢铁的价格记录在下降趋势栏，因为该价格低于下降趋势栏内先前记录的最后价格。

3月31日，将伯利恒钢铁的价格记录在下降趋势栏，因为该价格低于下降趋势栏内先前记录的最后价格。

4月15日，将美国钢铁和伯利恒钢铁的价格都记录在自然反弹栏。参考规则说明6（c）。

日期	星期	U. S. Steel	次级反弹 Secondary Rally (以蓝笔记录)	自然反弹 Natural Rally (以蓝笔记录)	上升趋势 Upward Trend (以黑笔记录)	下降趋势 Downward Trend (以红笔记录)	自然回档 Natural Reaction (以蓝笔记录)	次级回档 Secondary Reaction (以蓝笔记录)
1939/2/28	星期二	64.75		64.75				
1939/2/28	星期二	64.75		64.75				
1939/3/3	星期五	64.875		64.875				
1939/3/8	星期三	65		65				
1939/3/9	星期四	65.5		65.5				
1939/3/16	星期四	59.625					59.625	
1939/3/17	星期五	56.75					56.75	
1939/3/18	星期六	54.75					54.75	
1939/3/22	星期三	53.5					53.5	
1939/3/30	星期四	52.125				52.125		
1939/3/31	星期五	49.875				49.875		
1939/4/4	星期二	48.25				48.25		
1939/4/6	星期四	47.25				47.25		
1939/4/8	星期六	44.875				44.875		
1939/4/11	星期二	44.375				44.375		
1939/4/15	星期六	50		50				

图 10-9-2　将利弗莫尔手稿图九转换成清晰表格，并绘图如下图

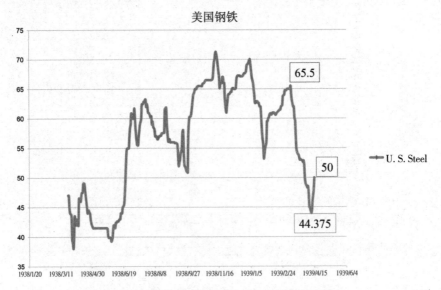

图 10-9-3　手稿表格转换成走势图，并标示关键价

228

美国钢铁（U.S. Steel）

★下降趋势栏有一个关键数字是 $53\frac{1}{4}$，自然反弹栏有一个未划线的数字是 $64\frac{7}{8}$。本页的第一个数字填入在自然反弹栏，数字是 65。

伯利恒钢铁（Bethlehem Steel）

★下降趋势栏有一个关键数字是 $60\frac{1}{4}$，自然反弹栏有一个未划线的数字是 $75\frac{1}{2}$。本页的第一个数字填入在自然反弹栏，数字是 $75\frac{7}{8}$。

关键价（KEY PRICE）

★下降趋势栏有一个关键数字是 $113\frac{1}{2}$，自然反弹栏有一个未划线的数字是 $140\frac{3}{8}$。本页的第一个数字填入在自然反弹栏，数字是 $140\frac{1}{2}$。

手稿图十

5月17日，将美国钢铁和伯利恒钢铁的价格都记录在自然回调栏。

5月18日，将美国钢铁的价格记录在下降趋势栏。参考规则说明 6（d）。

5月19日，在伯利恒钢铁下降趋势栏内画一条红线，表示其价格与下降趋势栏内最后记录的价格相同。

5月25日，将美国钢铁和伯利恒钢铁的价格都记录在次级反弹栏。参考规则说明 6（c）。

美国钢铁（U.S. Steel）

★下降趋势栏有一个关键数字是 $44\frac{3}{8}$，自然反弹栏有一个关键数字是 50。本页的第一个数字填入在自然回调栏，数字是 $44\frac{5}{8}$。

伯利恒钢铁（Bethlehem Steel）

★下降趋势栏有一个关键数字是 $51\frac{5}{8}$，自然反弹栏有一个关键数字是 $58\frac{1}{2}$。本页的第一个数字填入在自然回调栏，数字是 52。

关键价（KEY PRICE）

★下降趋势栏有一个关键数字是 96，自然反弹栏有一个关键数字是 $108\frac{1}{2}$。本页的第一个数字填入在自然回调栏，数字是 $96\frac{5}{8}$。

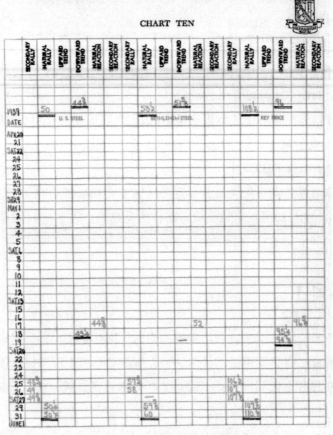

图 10-10-1　利弗莫尔手稿图十

日期	星期	U. S. Steel	次级反弹 Secondary Rally (以蓝笔记录)	自然反弹 Natural Rally (以蓝笔记录)	上升趋势 Upward Trend (以黑笔记录)	下降趋势 Downward Trend (以红笔记录)	自然回档 Natural Reaction (以蓝笔记录)	次级回档 Secondary Reaction (以蓝笔记录)
1939/4/15 星期六		50		50				
1939/4/15 星期六		50		50				
1939/5/17 星期三		44.625					44.625	
1939/5/18 星期四		43.25				43.25		
1939/5/25 星期四		48.75	48.75					
1939/5/26 星期五		49	49					
1939/5/27 星期六		49.375	49.375					
1939/5/29 星期一		50.25		50.25				
1939/5/31 星期三		50.875		50.875				

图 10-10-2　将利弗莫尔手稿图十转换成清晰表格，并绘图如下图

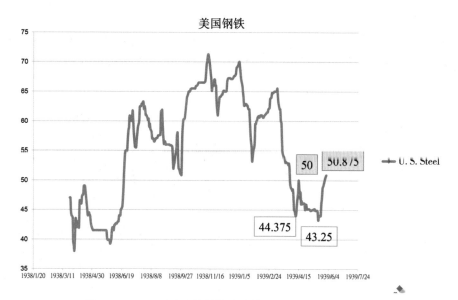

图 10-10-3　手稿表格转换成走势图，并标示关键价

手稿图十一

6 月 16 日，将伯利恒钢铁的价格记录在自然回调栏。参考规则说明 6（b）。

6 月 28 日，将美国钢铁的价格记录在自然回调栏。参考规则说明 6（b）。

6 月 29 日，将伯利恒钢铁的价格记录在下降趋势栏，因为其价格低于下降趋势栏内最后记录的价格。

7 月 13 日，将美国钢铁和伯利恒钢铁的价格都记录在次级反弹栏。参考规则说明 6（g）。

美国钢铁（U.S. Steel）

★下降趋势栏有两个关键数字是（$44\frac{3}{8}$ ~ $43\frac{1}{4}$），自然反弹栏有两个关键数字是（50 ~ $50\frac{7}{8}$）。本页的第一个数字填入在自然回调栏，数字是 45。

伯利恒钢铁（Bethlehem Steel）

★下降趋势栏有一个关键数字是 $51\frac{5}{8}$，自然反弹栏有两个关键数字是（$58\frac{1}{2}$ ~ 60）。本页的第一个数字填入在自然回调栏，数字是 54。

231

关键价（KEY PRICE）

★下降趋势栏有两个关键数字是（96 ~ 94 $\frac{7}{8}$），自然反弹栏有两个关键数字是（108 $\frac{1}{2}$ ~ 110 $\frac{7}{8}$）。本页的第一个数字填入在自然回调栏，数字是97 $\frac{1}{2}$。

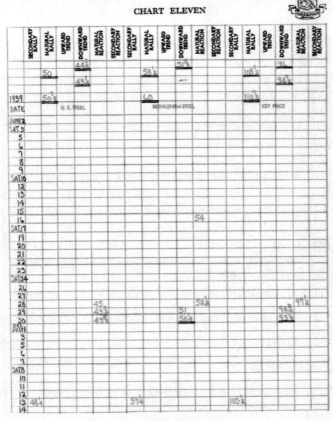

图 10-11-1　利弗莫尔手稿图十一

日期	星期	U. S. Steel	次级反弹 Secondary Rally (以蓝笔记录)	自然反弹 Natural Rally (以蓝笔记录)	上升趋势 Upward Trend (以黑笔记录)	下降趋势 Downward Trend (以红笔记录)	自然回档 Natural Reaction (以蓝笔记录)	次级回档 Secondary Reaction (以蓝笔记录)
1939/5/31 星期三		50.875		50.875				
1939/5/31 星期三		50.875		50.875				
1939/6/28 星期三		45					45	
1939/6/29 星期四		43.75					43.75	
1939/6/30 星期五		43.625					43.625	
1939/7/13 星期四		48.25	48.25					

图 10-11-2　将利弗莫尔手稿图十一转换成清晰表格，并绘图如下图

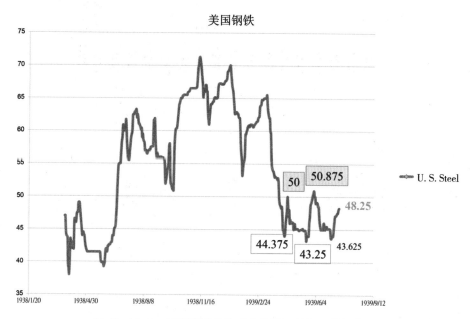

图 10-11-3 手稿表格转换成走势图，并标示关键价

手稿图十二

7 月 21 日，将伯利恒钢铁的价格记录在上升趋势栏。参考规则说明 5（a）。

7 月 22 日，将美国钢铁的价格记录在上升趋势栏位。参考规则说明 5（a）。

8 月 4 日，将美国钢铁和伯利恒钢铁的价格记录在自然回调栏。参考规则说明 4（a）。

8 月 23 日，将美国钢铁的价格记录在下降趋势栏，因为其价格低于下降趋势栏内先前记录的最后价格。

美国钢铁（U.S. Steel）

★下降趋势栏有一个关键数字是 43 $\frac{1}{4}$，自然反弹栏有一个关键数字是 50 $\frac{7}{8}$，自然回调栏有一个未划线的数字是 43 $\frac{5}{8}$，次级反弹栏有一个未划线的数字是 48 $\frac{1}{4}$。本页的第一个数字填入在次级反弹栏，数字是 50 $\frac{3}{4}$。

伯利恒钢铁（Bethlehem Steel）

★下降趋势栏有两个关键数字是（51 $\frac{5}{8}$ ~ 50 $\frac{1}{4}$），自然反弹栏有一个关

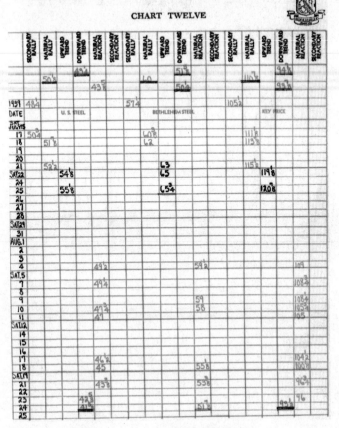

图 10-12-1　利弗莫尔手稿图十二

日期	星期	U. S. Steel	次级反弹 Secondary Rally (以蓝笔记录)	自然反弹 Natural Rally (以蓝笔记录)	上升趋势 Upward Trend (以黑笔记录)	下降趋势 Downward Trend (以红笔记录)	自然回档 Natural Reaction (以蓝笔记录)	次级回档 Secondary Reaction (以蓝笔记录)
1939/7/13 星期四		48.25	48.25					
1939/7/13 星期四		48.25	48.25					
1939/7/17 星期一		50.75	50.75					
1939/7/18 星期二		51.875		51.875				
1939/7/21 星期五		52.5		52.5				
1939/7/22 星期六		54.125			54.125			
1939/7/25 星期二		55.125			55.125			
1939/8/4 星期五		49.5					49.5	
1939/8/7 星期一		49.25					49.25	
1939/8/10 星期四		47.75					47.75	
1939/8/11 星期五		47					47	
1939/8/17 星期四		46.5					46.5	
1939/8/18 星期五		45					45	
1939/8/21 星期一		43.375					43.375	
1939/8/23 星期三		42.625				42.625		
1939/8/24 星期四		41.625				41.625		

图 10-12-2　将利弗莫尔手稿图十二转换成清晰表格，并绘图如下图

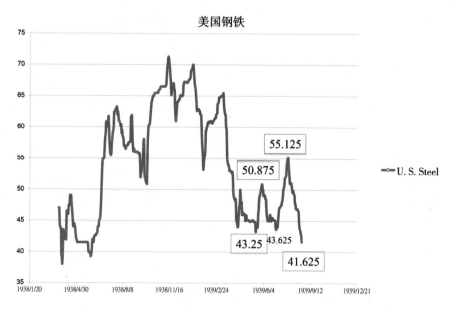

美国钢铁

U. S. Steel

图 10-12-3 手稿表格转换成走势图，并标示关键价

键数字是 60，次级反弹栏有一个未划线的数字是 57 $\frac{1}{4}$。本页的第一个数字填入在自然反弹栏，数字是 60 $\frac{3}{8}$。

关键价（KEY PRICE）

★下降趋势栏有一个关键数字是（94 $\frac{7}{8}$ ~ 93 $\frac{7}{8}$），自然反弹栏有一个关键数字是 110 $\frac{7}{8}$，次级反弹栏有一个未划线的数字是 105 $\frac{1}{2}$。本页的第一个数字填入在自然反弹栏，数字是 111 $\frac{1}{8}$。

手稿图十三

8 月 29 日，将美国钢铁和伯利恒钢铁的价格记录在自然反弹栏。参考规则说明 6（d）。

9 月 2 日，将美国钢铁和伯利恒钢铁的价格记录在上升趋势栏，因为它们的价格都高于上升趋势栏内先前记录的最后价格。

9 月 14 日，将美国钢铁和伯利恒钢铁的价格都记录在自然回调栏。参考规则说明 6（a）和 4（a）。

9月19日，将美国钢铁和伯利恒钢铁的价格都记录在自然反弹栏。参考规则说明6（d）和4（b）。

9月28日，将美国钢铁和伯利恒钢铁的价格都记录在次级回调栏。参考规则说明6（h）。

10月6日，将美国钢铁和伯利恒钢铁的价格都记录在次级反弹栏。参考规则说明6（g）。

美国钢铁（U.S. Steel）

★下降趋势栏有两个关键数字是（$43\frac{1}{4}$ ~ $41\frac{5}{8}$），上升趋势栏有一个关键数字是$55\frac{1}{8}$。本页的第一个数字填入在自然反弹栏，数字是48。

图 10-13-1　利弗莫尔手稿图十三

日期	星期	U. S. Steel	次级反弹 Secondary Rally (以蓝笔记录)	自然反弹 Natural Rally (以蓝笔记录)	上升趋势 Upward Trend (以黑笔记录)	下降趋势 Downward Trend (以红笔记录)	自然回档 Natural Reaction (以蓝笔记录)	次级回档 Secondary Reaction (以蓝笔记录)
1939/8/24 星期四		41.625					41.625	
1939/8/24 星期四		41.625				41.625		
1939/8/29 星期二		48		48				
1939/9/1 星期五		52		52				
1939/9/2 星期六		55.25			55.25			
1939/9/5 星期二		66.875			66.875			
1939/9/8 星期五		69.75			69.75			
1939/9/9 星期六		70			70			
1939/9/11 星期一		78.625			78.625			
1939/9/12 星期二		82.75			**82.75**			
1939/9/14 星期四		76.375					76.375	
1939/9/16 星期六		75.5					75.5	
1939/9/18 星期一		70.5					70.5	
1939/9/19 星期二		78		78				
1939/9/20 星期三		80.625		80.625				
1939/9/28 星期四		75.125						75.125
1939/9/29 星期五		73.5						73.5
1939/10/4 星期三		73						73
1939/10/6 星期五		78.5	78.5					

图 10-13-2　将利弗莫尔手稿图十三转换成清晰表格，并绘图如下图

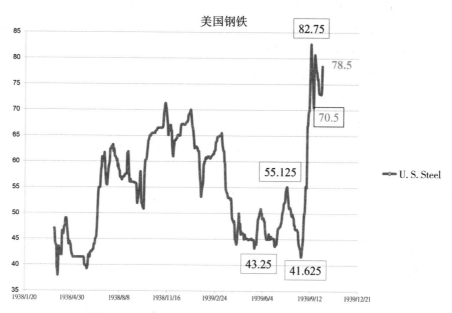

图 10-13-3　手稿表格转换成走势图，并标示关键价

伯利恒钢铁（Bethlehem Steel）

★下降趋势栏有一个关键数字是 $50\,^{1}/_{4}$，上升趋势栏有一个关键数字是 $65\,^{3}/_{4}$，自然回调栏有一个关键数字是 $51\,^{7}/_{8}$。本页的第一个数字填入在自然反

弹栏，数字是 60 $\frac{1}{2}$。

关键价（KEY PRICE）

★下降趋势栏有两个关键数字是（93 $\frac{7}{8}$ ~ 93 $\frac{1}{2}$），上升趋势栏有一个关键数字是 120 $\frac{7}{8}$。本页的第一个数字填入在自然反弹栏，数字是 108 $\frac{1}{2}$。

手稿图十四

11 月 3 日，将美国钢铁的价格记录在次级回调栏，因为其价格低于该栏内先前记录的最后价格。

11 月 9 日，在美国钢铁的自然回调栏内画一条横线，因为其价格和自然回调栏内先前记录的最后价格相同。同一天，将伯利恒钢铁的价格记录自然回调栏，因为其价格低于该栏内先前记录的最后价格。

美国钢铁（U.S. Steel）

★上升趋势栏有一个关键数字是 82 $\frac{3}{4}$，自然回调栏有一个关键数字是 70 $\frac{1}{2}$，自然反弹栏有一个未划线的数字是 80 $\frac{5}{8}$，次级回调栏有一个未划线的数字是 73，次级反弹栏有一个未划线的数字是 78 $\frac{1}{2}$。本页的第一个数字填入在次级反弹栏，数字是 78 $\frac{7}{8}$。

伯利恒钢铁（Bethlehem Steel）

★上升趋势栏有一个关键数字是 100，自然回调栏有一个关键数字是 83 $\frac{3}{4}$，自然反弹栏有一个未划线的数字是 95 $\frac{5}{8}$，次级回调栏有一个未划线的数字是 86 $\frac{1}{4}$，次级反弹栏有一个未划线的数字是 92 $\frac{3}{4}$。本页的第一个数字填入在次级回调栏，数字是 86 $\frac{1}{8}$。

关键价（KEY PRICE）

★上升趋势栏有一个关键数字是 182 $\frac{3}{4}$，自然回调栏有一个关键数字是 154 $\frac{1}{4}$，自然反弹栏有一个未划线的数字是 176 $\frac{1}{4}$，次级回调栏有一个未划线的数字是 159 $\frac{1}{4}$，次级反弹栏有一个未划线的数字是 171 $\frac{1}{4}$。本页的第一个数字填入在次级反弹栏，数字是 172 $\frac{3}{4}$。

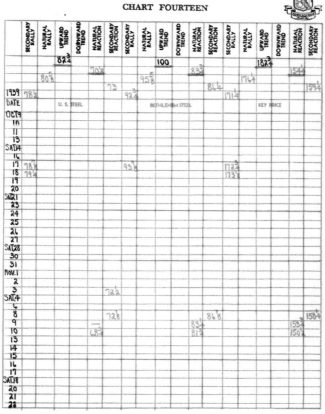

图 10-14-1 利弗莫尔手稿图十四

日期	星期	U. S. Steel	次级反弹 Secondary Rally (以蓝笔记录)	自然反弹 Natural Rally (以蓝笔记录)	上升趋势 Upward Trend (以黑笔记录)	下降趋势 Downward Trend (以红笔记录)	自然回档 Natural Reaction (以蓝笔记录)	次级回档 Secondary Reaction (以蓝笔记录)
1939/10/6 星期五		78.5	78.5					
1939/10/6 星期五		78.5	78.5					
1939/10/17 星期二		78.875	78.875					
1939/10/18 星期三		79.25	79.25					
1939/11/3 星期五		72.5						72.5
1939/11/8 星期三		72.125						72.125
1939/11/9 星期四		70.5					70.5	
1939/11/10 星期五		68.75					68.75	

图 10-14-2 将利弗莫尔手稿图十四转换成清晰表格，并绘图如下图

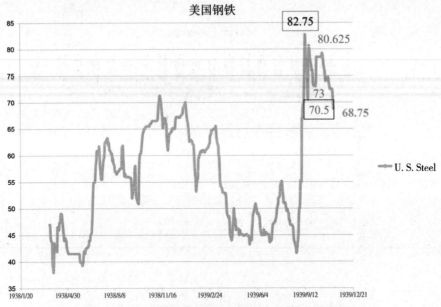

图 10-14-3　手稿表格转换成走势图，并标示关键价

手稿图十五

11 月 24 日，将美国钢铁的价格记录在下降趋势栏。参考规则说明 6（e）。

11 月 25 日，将伯利恒钢铁的价格记录在下降趋势栏。参考规则说明 6（e）。

12 月 7 日，将美国钢铁和伯利恒钢铁的价格都记录在自然反弹栏。参考规则说明 6（c）。

美国钢铁（U.S. Steel）

★上升趋势栏有一个关键数字是 $82\frac{3}{4}$，自然回调栏有一个关键数字是 $70\frac{1}{2}$，自然反弹栏有一个未划线的数字是 $80\frac{5}{8}$，自然回调栏有一个未划线的数字是 $68\frac{3}{4}$。本页的第一个数字填入在下降趋势栏，数字是 $66\frac{7}{8}$。

伯利恒钢铁（Bethlehem Steel）

★上升趋势栏有一个关键数字是 100，自然回调栏有一个关键数字是 $83\frac{3}{4}$，自然反弹栏有一个未划线的数字是 $95\frac{5}{8}$，自然回调栏有一个未划线的数字是 81 $\frac{3}{4}$。本页的第一个数字填入在下降趋势栏，数字是 81。

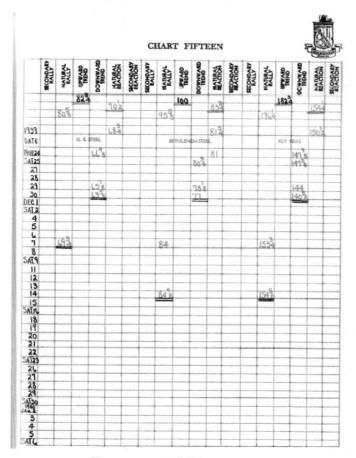

图 10-15-1　利弗莫尔手稿图十五

日期	星期	U. S. Steel	次级反弹 Secondary Rally (以蓝笔记录)	自然反弹 Natural Rally (以蓝笔记录)	上升趋势 Upward Trend (以黑笔记录)	下降趋势 Downward Trend (以红笔记录)	自然回档 Natural Reaction (以蓝笔记录)	次级回档 Secondary Reaction (以蓝笔记录)
1939/11/10 星期五		68.75						68.75
1939/11/10 星期五		68.75					68.75	
1939/11/24 星期五		66.875				66.875		
1939/11/29 星期三		65.875				65.875		
1939/11/30 星期四		63.625				63.625		
1939/12/7 星期四		69.75		69.75				

图 10-15-2　将利弗莫尔手稿图十五转换成清晰表格，并绘图如下图

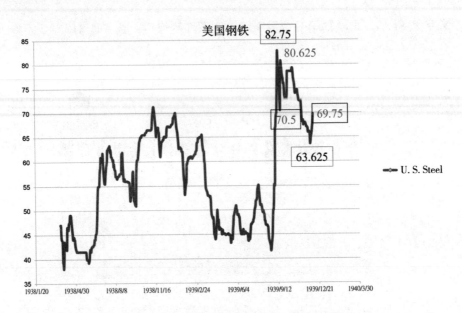

图 10-15-3　手稿表格转换成走势图，并标示关键价

关键价（KEY PRICE）

★上升趋势栏有一个关键数字是 182 $\frac{3}{4}$，自然回调栏有一个关键数字是 154 $\frac{1}{4}$，自然反弹栏有一个未划线的数字是 176 $\frac{1}{4}$，自然回调栏有一个未划线的数字是 150 $\frac{1}{2}$。本页的第一个数字填入在下降趋势栏，数字是 147 $\frac{7}{8}$。

手稿图十六

1 月 9 日，将美国钢铁和伯利恒钢铁的价格记录在自然回调栏。参考规则说明 6（b）。

1 月 11 日，将美国钢铁和伯利恒钢铁的价格记录在下降趋势栏，因为它们的价格都低于下降趋势栏内先前记录的最后价格。

2 月 7 日，将伯利恒钢铁的价格记录在自然反弹栏，这是该股票第一次反弹的幅度达到了要求的 6 点。次日，除了伯利恒钢铁和关键价格，美国钢铁的反弹幅度也达到了适当的距离，因此可记录在自然反弹栏。

图 10-16-1 利弗莫尔手稿图十六

日期	星期	U. S. Steel	次级反弹 Secondary Rally (以蓝笔记录)	自然反弹 Natural Rally (以蓝笔记录)	上升趋势 Upward Trend (以黑笔记录)	下降趋势 Downward Trend (以红笔记录)	自然回档 Natural Reaction (以蓝笔记录)	次级回档 Secondary Reaction (以蓝笔记录)
1939/12/7 星期四		69.75		69.75				
1939/12/7 星期四		69.75		69.75				
1940/1/9 星期二		64.25						64.25
1940/1/10 星期三		63.75						63.75
1940/1/11 星期四		62					62	
1940/1/12 星期五		60.125					60.125	
1940/1/13 星期六		59.625					59.625	
1940/1/15 星期一		57.5					57.5	
1940/1/18 星期四		56.875					56.875	
1940/1/22 星期一		55.875					55.875	
1940/2/8 星期四		61		61				
1940/2/9 星期五		61.75		61.75				
1940/2/10 星期六		59						
1940/2/12 星期一		58						
1940/2/13 星期二		57						
1940/2/14 星期三		57						
1940/2/15 星期四		56.5						
1940/2/16 星期五		56.125						56.125

图 10-16-2 将利弗莫尔手稿图十六转换成清晰表格，并绘图如下图

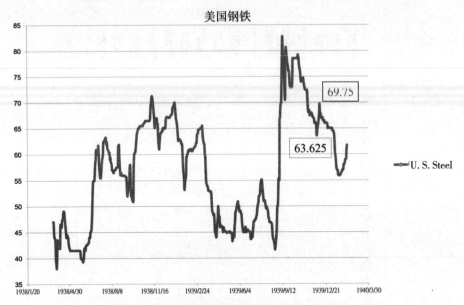

图 10-16-3　手稿表格转换成走势图，并标示关键价

美国钢铁（U.S Steel）

★下降趋势栏有一个未划线的数字是 $63\frac{5}{8}$，自然反弹栏有一个未划线的数字是 $69\frac{3}{4}$。本页的第一个数字填入在自然回调栏，数字是 $64\frac{1}{4}$。

伯利恒钢铁（Bethlehem Steel）

★下降趋势栏有一个未划线的数字是 77，自然反弹栏有一个未划线的数字是 $84\frac{7}{8}$。本页的第一个数字填入在自然回调栏，数字是 $78\frac{1}{2}$。

关键价（KEY PRICE）

★下降趋势栏有一个未划线的数字是 $140\frac{5}{8}$，自然反弹栏有一个未划线的数字是 $154\frac{5}{8}$。本页的第一个数字填入在自然回调栏，数字是 $142\frac{3}{4}$。

《股票大作手回忆录讲解》

（全译注释版）

一本书讲透"投机之王"的交易圣经
以图文、视频方式全面讲解利弗莫尔
五起五落赚到 1 亿美元的操盘经历

本书详细讲解华尔街"投机之王"杰西·利弗莫尔从 5 美元到 1 亿美元的操盘经历和心路历程，是华尔街众多投资大师倾情推荐给广大投资者的人性启示录。齐克用先生精心翻译并详细解读，剖析了利弗莫尔全部的操盘精髓。

《股票大作手回忆录》

（畅销珍藏版）

[美]埃德温·勒菲弗 著

齐克用 译

完整呈现畅销书作者埃德温·勒菲弗的经典版本

4张思维导图再现利弗莫尔非凡的财富人生

齐克用老师精心翻译，读懂大师原汁原味杰作

本书即将上市，敬请关注

《股票大作手操盘术》

（经典原版）

[美] 杰西·利弗莫尔 著

齐克用 译

杰西·利弗莫尔一生唯一亲笔撰写的著作

原版呈现大师主流股动态操盘术、关键点选择技巧

齐克用老师精心翻译，指出"操盘术就是以赚钱为目的"

本书即将上市，敬请关注

《一本书读懂大作手利弗莫尔》
（畅销讲解版）

《**股票大作手操盘手稿解密**》齐克用 / 著

《**大作手利弗莫尔动态操盘术**》齐克用 / 著

《**大作手利弗莫尔实战交易方法**》齐克用 / 著

　　以上新书，是齐克用先生 30 多年潜心研究杰西·利弗莫尔的心血之作，完整呈现了大作手利弗莫尔的投资智慧与操盘技巧，具有跨越时空的永恒价值，是广大投资者的交易灯塔。这些新书将陆续出版，敬请关注。